오른손에 논어, 왼손에 한비자
-현대를 균형 있게 살아가기 위한 방법-

MIGITE NI [RONGO] HIDARITE NI [KANPISHI]
by Hiroshi Moriya
Copyright © 2008 Hiroshi Moriya
Edited by KADOKAWA MAGAZINES
Korean translation copyright © 2015 by Dasan Publishing Co.
All rights reserved.
Original Japanese language edition published by KADOKAWA CORPORATION
Korean translation rights arranged with KADOKAWA CORPORATION
through EntersKorea Co., Ltd.

이 책의 한국어판 저작권은 (주)엔터스코리아를 통해
저작권자와 독점 계약한 다산출판사에 있습니다.
저작권법에 의하여 한국 내에서 보호를 받는 저작물이므로
무단전재와 무단복제를 금합니다.

오른손에 논어, 왼손에 한비자
−현대를 균형 있게 살아가기 위한 방법−

모리야 히로시(守屋洋) 저 · 김진연 역

다산출판사

차 례

 제1장 　성설선? 성악설?

성선설은 허술하다 / 12
논어의 인간학 / 15
한비자의 통치학 / 19

 제2장 　논어 속 명언

공자의 생애 / 26

- 1. 벗이 있기를 바란다 / 28
- 2. '인(仁)'을 익히길 바란다 / 31
- 3. 중후한 인간이길 바란다 / 34
- 4. 잘못을 저질렀을 때 / 37
- 5. 법에만 의존하지 마라 / 40

6. 사람의 무엇을 볼 것인가 / 43
7. 역사에서 배워라 / 46
8. 읽고 생각하라 / 49
9. 거짓말하지 마라 / 52
10. '눌언민행(訥言敏行)'을 마음속에 새기길 바란다 / 55
11. 덕이 필요하다 / 58
12. 근본이 잘못되면 방법이 없다 / 61
13. 이런 사람이 되고 싶다 / 64
14. 겉모습도 중요하다 / 67
15. 의욕을 가져라 / 70
16. 난폭한 사람은 필요 없다 / 73
17. 공부의 장은 어디에나 있다 / 76
18. 고생이 사람을 만든다 / 79
19. 어디까지 알릴 것인가 / 82
20. 네 가지 결점이 없었다 / 85
21. 젊은이에게는 가능성이 있다 / 88
22. 진가는 역경 속에서 빛을 발한다 / 91
23. 건강에도 신경을 썼다 / 94
24. 수상한 것에는 가까이 가지 마라 / 97
25. 이것이 바람직한 인간상이다 / 100
26. 일단 자신을 바로잡아라 / 103
27. 서두르면 안 된다 / 106
28. '사무라이'가 필요하다 / 109

- 29. 화이부동(和而不同) / 112
- 30. 겸손해라 / 115
- 31. 남을 원망해서는 안 된다 / 118
- 32. 인간의 길을 벗어나지 마라 / 121
- 33. 악의에 어떻게 보답할 것인가 / 124
- 34. 곤란에 처해도 흐트러지지 마라 / 127
- 35. 장기적인 전망이 필요하다 / 130
- 36. 자신에게는 엄하게, 남에게는 관대하게 / 133
- 37. 평등한 사회를 지향해 나가길 바란다 / 136
- 38. 윗사람을 섬길 때 이렇게 하면 안 된다 / 139
- 39. 소질을 키워나가길 바란다 / 142
- 40. 천명을 자각하다 / 145

제3장 한비자 속 명언

한비자의 생애 / 150

- 1. 권한을 손에서 놓지 마라 / 152
- 2. 조직 내부에도 싸움이 있다 / 155
- 3. 작은 충성이 적이 된다 / 158
- 4. 기밀을 누설하지 마라 / 161
- 5. 정보를 어떻게 사용할 것인가 / 164

6. 역린을 건드리지 마라 / 167
7. '간신'을 조심해라 / 170
8. 안전하고 이익이 되는 쪽에 붙는다 / 173
9. 엄벌을 망설이지 마라 / 176
10. 배려의 정치는 성립되지 않는다 / 179
11. 신하를 믿지 마라 / 182
12. '사랑하는 자'를 조심하라 / 185
13. 인간은 이익에 따라 움직인다 / 188
14. 군신관계는 손익계산이다 / 191
15. 불행은 어디에서 오는가 / 194
16. 왜 실패하는가 / 197
17. 사소한 것에서부터 무너져 간다 / 200
18. 자신에 관해서는 알기 어렵다 / 203
19. 가지고 싶다면 먼저 주어라 / 206
20. 의지가 안 된다 / 209
21. 우직하길 바란다 / 212
22. 통찰력을 갈고닦아라 / 215
23. 다른 사람의 비밀을 알게 되면 / 218
24. 능력을 자랑하지 마라 / 221
25. 내부결속을 다져라 / 224
26. 거짓말도 진실이 된다 / 227
27. 죽임을 당할 것을 안다면 / 230
28. 충성에 의지하지 마라 / 233

29. '술(術)'로 다스려라 / 236
30. 남에게 기대지 마라 / 239
31. 더러운 수법도 불사한다 / 242
32. 평범한 군주도 감당할 수 있다 / 245
33. 즐거움이 화가 된다 / 248
34. 위험으로부터 몸을 피한다 / 251
35. 균형 잡힌 사고로 대처하라 / 254
36. 군주에는 세 가지 등급이 있다 / 257
37. 혜택 받은 자는 강하다 / 260
38. 일하지 않는 자는 먹지도 마라 / 263
39. 엄격함도 필요하다 / 266
40. 다른 사람의 선의에 기대지 마라 / 269

후기 / 272

성선설? 성악설?

성선설은 허술하다

인간을 어떻게 볼 것인가? 여기에는 예로부터 두 가지 관점이 있었다.

그 하나는 성선설(性善說), 그리고 또 하나는 성악설(性惡說)이다.

성선설은 인간의 본성을 선이라 인정하고 그 선이 되는 본성을 키워 나가면 정치는 물론 경제도 잘 풀릴 것이라 주장한다. 다시 말해 성선설은 인간을 신뢰하는 입장이라 할 수 있다.

반면 성악설은 인간의 본성을 악이라 단정하여 인간은 그냥 내버려 두면 어떤 일을 저지를지 모른다고 주장한다. 따라서 제대로 된 규범을 만들어 제동을 걸어야 하고, 인간관계에서도 그 나름대로 신중하게 대처하지 않으면 속아 넘어가거나 함정에 빠지는 등 좋은 일이 하나도 없을 거라고 경고한다.

굳이 따지자면 일본은 예로부터 성선설의 관점에서 운영되어 온 사회다. 지금도 그 전통이 남아 있는 것인지 너무 과하다 싶을 정도로 성선설에 기대를 걸어 보려 하는 것이 일본식이라 해도 과언이 아니다.

하지만 일본 밖으로 한 발짝만 나가 보면 상황은 다르다.

일본이 많은 것을 배워 온 유럽이나 미국은 대체로 성악설을 전제로 운영되어 온 사회다. 그중에서도 영토문제로 관계가 악화되고 있는 러시아 등은 가장 철저하게 성악설로 운영되고 있는 듯하다.

그렇다면 이웃 나라 중국은 어떨까? 사실 중국 또한 성악설을 바탕으로 운영되는 사회로, 일단 사람을 보면 의심하고 보는 것이 상식이 되어 버린 곳이다.

싱가포르는 인구의 절반이 화교로 구성된 국가다. 싱가포르의 실력자 리콴유(Lee Kuan Yew, 李光耀) 전 총리는 언젠가 일본신문에 다음과 같은 글을 썼다.

"저는 성악설을 믿습니다. 그렇지 않고서는 우리나라를 수습해 나갈 수가 없습니다."

이 글을 보고 그도 그럴 것이라는 생각이 들었다. 아마 중국의 지도자들에게 같은 질문을 던진다면 틀림없이 똑같은 대답을 할 것이다.

그런데 가만 보면 중국인들은 친구를 만드는 데 매우 열심이다. 왜 그럴까? 그들은 아마 '생판 모르는 다른 사람은 믿을 수 없지만 친구는 믿을 수 있다.'고 대답할 것이다.

이처럼 일본에서 한 발짝만 밖으로 나가면 그곳은 성악설을 바탕으로 한 사회라는 사실을 일단 알아 두는 것이 좋다.

반면 일본은 성선설을 기반으로 한 사회다. 성선설로 대응할 수 있다면 그보다 더 좋을 수는 없다. 하지만 이런 성선설을 기반으로 한 사회인 일본에서조차 최근엔 성선설만으로는 대응하기 어려운 일들이 발생하고 있다. 그래서 "역시 성악설식 대응도 필요한 것인가!"라는 한탄의 목소리가 여기저기서 들려오게 되었다.

성선설의 단점은 상대에 대한 경계심이 약해서 아무래도 허술해진다는 점인데 만약 그 허술한 부분을 공격당하면 잠시도 버틸 수 없다. 실제로 그러한 허술함을 파고드는 범죄가 꼬리에 꼬리를 물 듯 발생하고 있지 않은가!

그렇다고 해서 성악설을 바탕으로 한 사회가 좋다는 것은 절대 아니다. 그럴 경우 일단 주위 사람을 믿을 수 없어서 사회가 팍팍해진다. 만약 갑자기 그런 사회에 내팽개쳐진다면 신경이 잠시도 버티지 못할지 모른다.

그런 점에서 성선설에는 버릴 수 없는 매력이 있다. 다행히 일본사회에는 아직 그 전통이 살아 있다. 지금 우리에게 요구되는 것은 성선설의 좋은 점을 확인해 나가면서 부족한 부분을 성악설로 채워 나가는 것이 아닐까 싶다.

특히 일본 밖으로 나가 일을 하는 경우에는 더욱 그렇다. 외국 여러 나라들은 대체로 성악설로 운영되는 사회여서 그곳에서는 일본식 안이함이 용납되지 않는다. 따라서 성악설식 대응방법을 확실히 터득해 두었으면 한다.

그리고 이때 중국고전을 참고로 하고자 한다. 원래 성선, 성악이라는 극과 극의 인간관을 최초로 주창한 것이 중국고전이다. 본서에서는 성선설의 대표로 『논어(論語)』, 성악설의 전형으로 『한비자(韓非子)』를 들어 그 인간관을 살펴보면서 각각의 고전이 주장하는 이야기에 귀 기울여 나가고자 한다.

두 고전에서 40개씩 명언을 골라 해설을 덧붙이려 하는데, 그 전에 각각이 주장하는 바를 간단하게 소거하겠다.

『논어』의 인간학

우선 『논어』다.

『논어』는 두말할 필요도 없이 공자라는 인물의 언행록이다. 이 책은 일본에 쇼토쿠 태자(聖徳太子, 6세기 말~622) 시절에 들어온 이래 끊임없이 읽혀져 왔다. 아마 일본인의 기본사상을 형성하는 데 가장 큰 영향을 미친 고전이라 해도 과언이 아닐 것이다.

공자를 시조로 하고 그의 가르침을 집대성한 것이 유교다. 그리고 맹자가 이러한 공자의 가르침을 계승하여 발전시켰고 그 흐름 속에서 훗날 주자학이나 양명학이 탄생했다.

유교의 인간관은 기본적으로 성선설에 입각하지만, '성선'이라는 말을 사용하여 그 입장을 확실히 천명한 것은 맹자다. 사실 시조인 공자는 '성선'이라는 말을 사용하지 않았다. 하지만 공자가 성선설에 입각했음은 분명하다. 무슨 일이든 인간을 신뢰하며 해나가자는 입장이니 말이다.

『논어』는 이러한 생각을 가진 공자의 언행록으로, 공자의 말이나 그와 제자들의 문답을 중심으로 500개 정도의 짧은 문장이 수록되어 있다. 따라서 그의 사상이 체계적으로 기술되어 있는 것은 아니다.

그 전반적인 내용을 한 마디로 표현하자면, 다소 막연하기는 하지만 '인간학'이라 할 수 있지 않을까! 인격을 형성하는 데 어떤 노력을 기울이면 좋을까, 주위 사람의 신뢰를 얻으려면 어떻게 하면 좋을까, 인간관계에는 어떻게 대처하면 좋을까, 리더에게는 어떤 조건이 필요할까, 나라를 다스리고 조직을 통합해 나가려면 어떻게 하면 좋을까 등 인간 삶에 관한 모든 지혜가 담겨져 있기 때문이다.

한발 더 파고 들어가 그 내용을 요약하자면 '수기치인(修己治人)'의 학(學)이라 할 수 있을 듯하다.

'수기'란 '자신을 수양한다', 즉 능력과 인격, 양쪽 면에서 자신을 갈고닦는 것을 의미한다. 좀 더 이해하기 쉽게 표현하자면 '수신(修身)'이라 해도 좋다. '수신' 등의 말을 들으면 무조건적으로 싫어하는 사람이 있는데, 원래 '수신'은 윗사람이 강요하는 것이 아니라 자기 스스로 자신을 갈고닦기 위한 자각적인 노력을 의미한다. 이것이 세상 밖으로 나가기 위한 대전제가 된다.

'치인'이란 '사람을 다스린다', 즉 사회의 지도자적 입장에 서서 세상을 위해, 남을 위해 자신을 바치는 것을 의미한다. 공자는 이를 위해서도 '수기'의 노력이 없어서는 안 된다고 이야기했다.

이 '수기치인'이야말로 공자의 가르침의 핵심을 이루고 있다고 해도 과언이 아니다.

그렇다면 자신을 갈고닦기 위해서는 어떤 노력을 기울이면 좋을까? 공자는 '덕(德)'을 익히는 것을 중시했다. 우선은 덕을 익히고 마침내 그에 걸맞은 지위에 올랐을 때 이를 자신의 아랫사람들에게 전파한다면 국가나 조직 모두 잘 다스려 나갈 수 있다고 이야기했다.

이를 '덕치주의(德治主義)'라 한다. 현실에 비추어 보면 너무 낙관적인 듯하지만, 이상(理想)으로서 보면 마땅한 것이다.

여기서 문제는 '덕'이란 무엇인가라는 점이다. 이에 한마디로는 대답하기 힘들다. 왜냐하면 '덕'이란 단순한 것이 아니라 몇 가지 요소로 구성되기 때문이다.

공자는 수많은 '덕'을 이루는 요소 중에서도 '인(仁)'을 가장 중시했다. 그렇다면 '인'이란 무엇일까? 이에 관해 공자는 제자들의 질문에 다양한 방식으로 대답할 뿐 '인이란 이런 것이다'라고 정의하지는 않았다.

생각하건대 '인'이란 서로 같은 인간이라는 공감대 위에 입각한 인간애와 같은 것이다. 좀 더 구체적으로 말하자면 상대방의 입장에서 그의 기분을 생각해 주는 배려의 마음이다.

예를 들어 사원에게 일을 시킬 때가 그렇다. '너희들, 싸게 혹사시켜 주겠어!', 이러한 자세는 분명 '인'의 마음에 어긋난다. 다른 사람에게 일을 시키려면 적어도 그 사람이 생활해 나갈 수 있게 배려해 줘야 한다. 이것이 바로 '인'의 마음이다.

공자는 이러한 '인'을 몸에 익혀 사회에 널리 펼쳐 나가면 살기 좋은 세상을 만들 수 있을 것이라 설파했다.

사람들 중에는 공자나 『논어』라는 말을 들으면 훌륭한 사람에게서 딱딱한 설교를 들을 것 같아 꺼려하는 사람도 있다. 분명 공자는 훌륭한 사람임에 틀림없다. 하지만 그는 빈곤한 집에서 자랐고 세상에 이름을 알리기까지 많은 고생을 했다. 다시 말해 인생의 쓴맛 단맛을 다 아는 사람이라 해도 과언이 아니다.

그런 환경 속에서도 그는 '수기치인'의 이상을 설파하며 고군분투하는 한편 힘든 현실을 두루 살피는 것도 잊지 않았다. 『논어』를 풀어가다 보면 그런 인생의 쓴맛 단맛을 다 아는 사람 특유의 세심한 배려가 곳곳에 스며 있는 인간학을 접할 수 있을 터이다.

『한비자』의 통치학

공자의 주장은 이른바 '이러고 싶다', '이랬으면 좋겠다' 등의 이상을 말하는 것으로, 예전부터 이에 공감하는 사람들에게서 두터운 지지를 쌓아 왔다. 하지만 이상은 어느 시대에나 쉽게 실현되지 못하고 현실이라는 단단한 벽위에 부딪혀 튕겨져 나오는 숙명을 지니고 있다. 공자가 주장한 '덕치주의'도 예외는 아니다.

그렇기에 더욱 처음부터 이상 따위를 내세우지 말고 우선 인간의 현실을 있는 그대로 똑바르게 인식한 후 거기에서부터 출발하자고 주장하는 사람들이 등장한다. 사상(思想)에 관한 역사 속에서 '법가(法家)'라 불린 면면들이 바로 그들이다.

여기서는 그 전형으로 한비자를 들고자 한다.

한비자의 주장을 한마디로 표현하자면 성악설에 입각한

통치의 학이라 할 수 있다.

우선 성악설은 한비자가 독창적으로 만든 것이 아니다. 이를 처음으로 주창한 사람은 순자(荀子)라는 사상가다.

순자는 공자의 가르침을 계승하여 성선설을 주창한 맹자와 달리 "인간의 본성은 악이고 그 선은 인위적인 것이다."라며 성악설을 주창하고, 제대로 된 규범을 만들어 악의 본성을 억눌러야 한다고 주장했다.

한비자는 젊은 시절 이러한 순자의 문하에 들어가 성악설을 계승했다.

인간을 움직이게 만드는 동기는 무엇일까? 물론 공자가 주장하는 '인' 등은 아니다. 한비자는 오직 하나, '이익'만이 인간을 움직이게 만든다고 봤다.

"뱀장어는 뱀과 비슷하고 누에는 유충과 비슷하다. 누구나 뱀을 보면 깜짝 놀라 뛰어오르고 유충을 보면 소름 끼쳐 한다. 하지만 어부는 뱀장어를 손으로 잡고, 여성은 누에를 손으로 집는다. 이익이 있으면 누구나 두려움을 잊고 용기 있는 사람으로 변신한다."

한비자는 인간이란 이익에 집착하는 생물이라 했다. 그리고 당연히 각각의 입장에 따라 추구하는 이익도 달라진다. 군주에게는 군주의 이익이, 신하에게는 신하의 이익이 있다. 군주에게 신하란 언제 자신을 배신할지 모르는 존재고, 신하에게 군주란 언제 자신의 목을 칠지 모르는 존재다.

이는 군주와 신하의 관계에만 국한되지 않는다. 일반적인 인간관계에도 해당된다는 점은 말할 필요도 없다. 한비자는 상대가 누구이건 본디 인간은 믿을 수 없는 존재라고 이야기했다. 그러므로 그 점을 확실히 인식하여 충분한 방어조치를 강구해 놓지 않으면 결국 자신을 파멸로 이끌 수 있다고 했다.

한비자는 이러한 전제에 입각하여 '그렇다면 군주가 믿을 수 없는 신하를 제대로 다루려면 어떻게 하면 좋을까?'라고 논리를 펼쳐 나간다. 그리고 그러기 위해서는 '법(法)'과 '술(術)', 두 가지가 필요하고, 이것만 있으면 신뢰가 가지 않는 신하를 길들이거나 벌벌 떨게 하는 등 마음먹은 대로 다룰 수 있다고 이야기했다.

그렇다면 '법'과 '술'이란 무엇을 의미하는 것일까?

'법'이란 글자 그대로 법률을 의미한다. 이는 신하나 인민이 따라야 할 기준으로, 확실하게 명문화하여 제시해야 한다. 이를 위반한 자에게는 가차 없이 벌칙을 적용하여 처벌하는 것은 두말할 필요도 없다.

'술'이란 '법'을 운용하여 신하를 통제하기 위한 노하우 같은 것으로, '법'과 달리 명문화된 것은 아니다. 한비자에 따르면 이렇다.

"술은 남에게 보여주는 것이 아니다. 군주가 마음속에 넣어 두고 이것저것 비교하여 비밀리에 신하를 통제하는 것이다."

이것만으로는 이해하기 어려우므로 좀 더 '술'의 내용을 파고들어 가보면 '술'이 다음의 두 가지 측면으로 이루어져 있다는 사실을 알 수 있다.

첫 번째 측면은 신하의 행동을 평가하는 근무평정(勤務評定. 인사행정의 공정성 및 직원의 근무능률 향상을 위해 직원의 근무성적을 평가하고 기록하는 인사고과-역주)이다. 이에 대해 한비자는 '형명참동(刑名參同)'이라는 독특한 방식을 제창했다.

이때 '형'이란 달성한 실적, '명'이란 본인의 보고, '참동'이란 이 두 가지를 비교하여 평가한다는 의미다.

예를 들어 100을 하겠다고 보고하고 80밖에 달성하지 못했다고 치자. 이는 명백히 벌(罰)이다. 이번에는 100을 신고하고 100을 했다고 치자. 이는 상(賞)이다. 그런데 100을 하겠다고 보고해 놓고는 120의 성적을 올렸다고 치자. '형명참동' 방식으로는 이 또한 벌이다. 왜냐하면 음흉스러운 신하는 사실 120을 할 수 있는데 이보다 적게 신고해서 상을 거머쥐려 하므로 이를 방지하기 위한 것이라고 한다.

즉 신하의 날림이나 속임수는 절대로 용납하지 않겠다는 의미다. 여기에 '형명참동' 방식의 포인트가 있다고 해도 과언이 아니다.

'술'의 또 한 가지 측면은 상벌의 권한을 군주가 확실히 휘어잡아 이를 직접 행사한다는 것이다. 그리고 이는 신하를 통제하기 위한 또 하나의 절대적인 조건이 된다고 한다.

이 두 가지가 '술'의 내용이다. 과연! 엄중하게 실적을 사정하여 군주가 직접 상벌을 행사하는 방식이므로 조직을 엄중히 관리하고 군주 자신이 마음먹은 대로 신하를 다룰 수 있을 듯하다.

한비자가 주장하는 성악설식 대응에 대해 군신관계에 한정하여 중요한 부분을 소개해 봤는데 이 엄중함은 인간관계 전반에 영향을 미친다. 이에 관해서는 본문에서 더 구체적으로 살펴보겠다.

서론은 이쯤 하기로 하고 곧바로 『논어』와 『한비자』의 세계로 빠져보고자 한다.

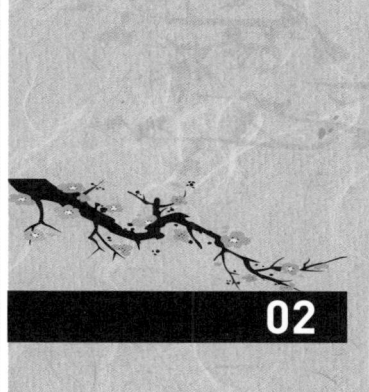

논어 속 명언

공자의 생애

○ 공자(B.C. 551~B.C. 479년)

이름은 구(丘), 자(字)는 중니(仲尼)로 '공자'는 존칭이다.

노(魯)나라에서 태어났지만 출생지가 어디인지는 확실하지 않다. 일설에 따르자면 '무녀'(신을 섬기는 여성)의 사생아였다고 하는데 그 어머니와도 일찍이 사별하여 고생이란 고생은 다 하면서 자란 듯하다. 그 점에 관해서는 공자 자신도 "나는 젊어서 비천했다."고 이야기할 정도다.

그렇게 힘든 가운데도 학문을 갈고닦는데 특정한 스승으로부터 배운 흔적은 없고 대부분 독학을 한 듯하다. 그렇게 학문을 갈고닦던 공자는 마침내 정치에 뜻을 둔다. '덕'을 바탕으로 한 배려의 정치를 실현하고자 한 것이다.

하지만 당시에는 모든 나라에서 경대부(卿大夫)라 불리는 귀족계급이 정치를 좌지우지하고 있었다. 따라서 공자처럼 신분이 미천한 자가 껴들어 가기란 쉬운 일이 아니었다. 그래서 공자는 간신히 50세를 넘어서야 노나라에서 그에게 걸맞은 지위에 등용되어 국정을 담당하게 되었다. 지금으로 치자면 적어도 70대 후반 정도쯤 되지 않을까? 하지만 모처럼 얻은 지위에서도 고작 몇 년 만에 실각되어 또다시 방랑생활로 되돌아간다.

그래도 정치에 대한 뜻을 계속 불태우던 공자는 10년 이상 각국을 돌며 이상적인 정치를 실현하기 위해 유세를 하고 다녔으나 전부 실패로 끝나고 만다. 결국 만년에는 노나라로 돌아가 오로지 제자들 교육에만 힘쓰다 73년의 인생을 마감한다.

『논어』는 훗날 제자들이 이러한 공자의 말을 정리한 것이다.

1. 벗이 있기를 바란다

**마음이 통하는 벗이 먼 길을 마다치 않고 찾아주니
이 어찌 즐거운 일이 아닌가!**

有朋自遠方來, 不亦樂乎(유붕자원방래, 불역락호)
벗이 있어 먼 곳에서 찾아오니 이 또한 즐겁지 않은가!

「학이편(學而篇)」

당신에게는 벗이라 부를 만한 사람이 있는가? 만약 한 사람도 없다면 적이 쓸쓸할 터이다.

마음이 통하는 벗, 이야기를 나눌 만한 벗, 마음의 버팀목이 되어줄 수 있는 벗, 그런 벗이 한 사람이라도 있다면 인생을 살아가는 데 이만큼 든든한 것은 없다. 또 공자의 말에 따르면 그만큼 인생의 낙도 늘어난다고 한다.

단 이익이나 돈으로만 이어진 관계는 이익을 기대할 수 없게 되는 순간 떨어져 나간다. 이는 벗이라 말할 수 없을 터이다. 이 점을 오해하지 않길 바란다.

사람과 사람과의 만남은 대부분 우연이다. 게다가 단 한 번으로 만남이 끝나버리는 경우가 있는가 하면 오랫동안 계속될 만남이 시작되는 경우도 있다. "인연은 묘하고 흥미로운 것이다."라는 일본 속담은 남녀 간의 인연에 대해 이야기한 것 같다. 하지만 남성끼리의 만남도 마찬가지 아닐까? 모처럼의 만남인데 '이 사람이다!' 싶은 상대와 맞닥뜨린다면 그 인연을 소중히 여기기를 바란다.

우리가 젊었을 때에는 전화가 있는 집이 몇 안 되었기에 용건이 있으면 편지를 쓰거나 직접 찾아가는 수밖에 없었다. 그러나 지금은 PC에 메일에 문명의 이기가 발달하여 얼굴을 마주 보지 않아도 쉽게 용건을 처리할 수 있다. 이로 인해 편리해졌다고 하면 편리해진 것이겠지만, 한편으로는 사람과 사람 사이의 유대가 희박해져 버렸다.

이래서는 우정도 자라나기 힘들고 '유붕자원방래(有朋自遠方來), 벗이 있어 멀리에서 찾아오니'의 낙도 맛볼 수 없을 터이다.

"이게 요즘식이에요."라고 해도 왠지 쓸쓸하다.

중국인들을 보면 대부분 친구를 만드는 데 열심이다. 그들 말에 따르면 생판 남은 믿을 수 없지만 친구는 믿을 수 있고 무슨 일이 생겼을 때 의지가 된다고 한다.

현대 사회는 '인간사막' 등이라 일컬어진다. 그런 시대이기에 우리도 친구를 만드는 데 더욱 열심히 노력해도 좋지 않을까?

2. '인(仁)'을 익히길 바란다

말을 꾸미고 얼굴색을 부드럽게 하여
상대방에게 아첨하는 것은 '인'과는 거리가 멀다.
巧言令色, 鮮矣仁(교언영색, 선의인)
말을 좋게 하고 얼굴색을 잘 꾸미는 사람치고
'인자(仁者)'는 드물다.

「학이편(學而篇)」

사회인으로 살아가려면 주어진 위치에서 맡은 바 책임을 다해야 한다. 그러기 위해서는 능력을 갈고닦을 필요가 있다.

그렇다면 능력만 있으면 그걸로 충분할까? 그렇지 않다. 능력과 더불어 덕(德)을 익혀야 한다. '능력'과 '덕', 이 두 가지를 겸비할 때 비로소 주위 사람의 신뢰를 얻을 수 있다고 한다.

여기서 '덕'이 중요한데, "덕이란 무엇입니까?"라는 질문을 받아도 대답하기 어렵다. 왜냐하면 '덕'은 단순한 것이 아니라 몇 가지 요소로 구성되기 때문이다. 굳이 말하자면 '덕'은 인품이나 인격에 관한 것으로, 이는 그 사람 특유의 '인간적인 매력'을 만들어 내는 근본이 된다.

수많은 덕을 이루는 요소 중에서 공자는 '인(仁)'을 가장 중시했다. 그렇다면 '인'이란 무엇일까? 공자는 제자들의 질문에 상대방의 수준에 맞추어 다양하게 답을 할 뿐 콕 집어 '이런 것이다.'라고 정의하지 않았다.

생각하건대 '인'이란 '서로 같은 인간이지 않은가!'라는 연대감에 입각한 인간애를 의미하는 것이 아닐까. 좀 더 구체적으로 말하자면 상대방의 입장에서 그의 기분을 생각해 주는 배려의 마음이다.

영어로 말하자면 'Warm Heart'가 이에 가까울지 모른다.

여기에서 알 수 있듯 '인'이란 본디 마음 상태로 내면의 모습을 지칭한다. 따라서 겉모습만 그럴싸하게 꾸민다 해도 아무 소용없다. 오히려 겉모습을 꾸미면 꾸밀수록 '인'에서 멀어진다고 한다.

물론 외면 등이 아무래도 상관없다는 뜻은 아니다. 때때로 험상궂은 얼굴을 하고 험악한 분위기를 풍기는 사람과 마주칠 때가 있다. 그럴 때면 한눈에 '아, 이 사람은 마음도 차가울 거야.'라고 쉽게 짐작할 수 있다.

다시 말해 내면에 '인'이 있어, 그것이 자연스럽게 외면으로 스며 나왔으면 한다.

3. 중후한 인간이길 바란다

군자는 태도가 중후하지 않으면 위엄을 갖출 수 없다.

君子不重, 則不威(군자부중, 즉불위)
군자는 신중하지 않으면 위엄이 없다.

「학이편(學而篇)」

'군자'란 공자가 마음속에 그린 이상적인 인간상이다.

혹시 몰라 사전을 찾아보니 중국어사전에는 '도덕을 수양한 사람', 한영사전에는 '고귀한 품격을 갖춘 남자, 젠틀맨'이라고 나와 있다. 완벽하게 일치하지는 않지만 대체로 비슷한 뜻인 듯하다.

『논어』를 보면 "군자는 이래야 한다." 등의 말이 빈번히 등장하는데, 이 문장 또한 그중 하나다. 공자는 군자에게는 중후함이 필요하고 중후함이 있어야 '위(威)', 다시 말해 위엄을 갖출 수 있다고 이야기했다.

참고로 '위엄'이 있어야 조직을 통제할 수 있다. 이는 그 사람 특유의 존재감이라 해도 좋을 듯하다. 반면 '위엄'이 없으면 주위 사람이나 아랫사람들이 업신여기거나 얕보기에 막중한 역할을 완수할 수 없고, 그 결과 조직이 이반되는 사태를 초래할 수도 있다. 공자도 이를 걱정했다.

그런데 공자의 이 말을 들으면 『논어』보다 훨씬 훗날에 쓰인 『신음어』(呻吟語, 중국 명나라 유학자 여곤(呂坤)의 저서-역주)라는 고전의 다음 구절이 머릿속에 바로 떠오른다.

"심침후중(深沈厚重)은 일등 자질이요, 뇌락호웅(磊落豪雄)은 이등 자질이며, 총명재변(聰明才辯)은 삼등 자질이다."

알기 쉽게 해석해 보자. 듬직하고 차분하며 깊이가 있는 인물은 일등 자질을 갖춘 인물이고, 적극적이며 사소한 일에 연연하지 않는 인물은 이등 자질을 갖춘 인물이나, 머리가 좋고 언변이 좋은 인물은 삼등 자질을 갖춘 인물에 불과하다는 뜻이다.

인물을 세 등급으로 나누고 중후형 인물을 일등으로 꼽았다. 총명재변형도 상당한 수준인데 왜 삼등에 불과할까?

아마도 이 유형은 자칫 경솔해지기 쉬워 신뢰성이 조금 떨어지기 때문임이 틀림없다.

그렇다면 중후형을 목표로 하려면 어떻게 하면 좋을까?

1. 경솔한 발언은 하지 않는다.
2. 경솔한 행동은 자제한다.

이 두 가지만 유의해도 상당히 중후형에 가까워지지 않을까?

4. 잘못을 저질렀을 때

잘못을 저질렀다는 사실을 깨달으면 그 즉시 고쳐라.

過則勿憚改(과즉물탄개)
잘못했거든 고치기를 꺼리지 마라.

「학이편(學而篇)」

인간인 이상 누구나 잘못을 저지를 수 있다. 또한, 사안과 경우에 따라 정상참작의 여지도 있으므로 일률적으로 탓할 수는 없다. 문제는 잘못을 저지른 후다. 공자는 잘못을 깨달으면 그 즉시 고치는 것, 바로 이것이 군자되는 자의 대처 방식이라 이야기했다.

우리는 어떨까? 때때로 잘못이라는 사실을 알면서도 이를 인정하기는커녕 입 싹 닦고 모른 척하거나 의압적인 태도로 돌변하는 일이 없지만은 않다.

또 공자는 "過而不改, 是謂過矣(과이불개, 시위과의)"라고
도 이야기했다.

잘못을 깨달아도 고치려 하지 않는 것이 진정한 잘못이
라는 뜻이다. 과연! 만약 이렇게 고치지 않는다면 같은 잘못
을 두 번, 세 번 반복할 가능성이 있다. 이래서는 인간으로서
나아지길 기대할 수 없을 뿐 아니라 결국에는 구렁텅이에 빠
지고 말 우려까지 있다.

또 『논어』에는

"小人之過也, 必文(소인지과야, 필문)."

이라는 유명한 구절도 나온다.

여기서 '소인'이란 군자와 달리 품성이 좋지 않은 인간
을 지칭한다. 공자에 따르면 이런 인간은 잘못을 저지르면 반
드시 변명을 하고 얼버무리려 한다고 한다.

'소인'인지 아닌지는 둘째 치더라도 이 말을 듣고 찔리
는 사람이 있지 않을까? 잘못을 지적당하면 나도 모르게 허접
한 변명을 늘어놓게 되는 것이 사람 마음이다. 물론 나에게
이를 비난할 자격은 없다. 하지만 적어도 이것이 바람직한 대
응은 아닌 듯하다.

인간과 잘못이 떼려야 뗄 수 없는 관계라면 이를 플러스로 전환시킬 수 있는 방법을 고민하길 바란다. 그러려면 우선 솔직하게 잘못을 인정해야 한다. 그다음으로는 같은 잘못을 두 번 다시 반복하지 않아야 한다. 이것이 정직한 사회인의 바람직한 삶의 방식이 아닐까!

　일본인은 반성하기를 좋아하고 사과하기를 좋아한다고 일컬어져 왔다. 이는 일본인의 큰 장점이다. 그런데 왜 최근 들어 이런 장점들이 사라지고 있는 것일까?
　잘못을 깨달으면 떳떳하게 인정하고 거기에서 다시 앞으로 나아갈 수 있도록 노력하길 바란다.

5. 법에만 의존하지 마라

법률을 내세우며 형벌로 억누르려 하면
법률로부터 빠져나갈 구멍만 찾게 되고
수치를 수치라고도 느끼지 못하게 된다.

道之以政, 齊之以刑, 民免而無恥(도지이정, 제지이형, 민면이무치)
법으로 인도하고 형벌로 다스리면
백성은 피하고도 부끄러움이 없다.

「위정편(爲政篇)」

공자가 지향한 정치는 '덕치(德治)'였다. 다른 사람 위에 서는 자가 '인(仁)' 등의 덕을 몸에 익혀 이를 아랫사람들에게 전파한다면 나라와 천하 모두 잘 다스려 나갈 수 있다는 것이다.

또 공자는 이어서 이렇게 말했다.

"道之以德, 齊之以禮, 有恥且格(도지이덕, 제지이례, 유치차격)."

덕으로 아랫사람을 교화하고 예(禮)로 규범을 확립하면 자연스럽게 부끄러움을 알게 되어 부정을 저지르는 자가 없어진다는 뜻이다. 참고로 '예'란 벌칙규정이 없는 도덕적 규범을 의미한다.

공자가 주창한 이 덕치주의를 정면으로 비판한 사람들이 '법가'라 불리는 면면으로, 그 대표적인 인물이 바로 한비자다. 그들은 "덕 등의 답답한 방법으로는 아무리 시간이 흘러도 이 혼란한 상태를 바로 잡을 수 없다. 정치를 바로 세우려면 무엇보다도 우선 법을 확립하고 이를 위반하는 자에게는 엄중한 벌칙을 적용하는 것 외에는 뾰족한 방법이 없다."고 주장했다.

여기에서 소개한 공자의 말이 '법가(法家)'가 주장한 법률만능주의를 비판한 것이라는 점은 두말할 필요도 없다. 분명 법치주의에는 여기서 지적한 바와 같은 결점이 있다. 법치주의를 하게 되면 법망을 피해 빠져나가려는 인간이 등장하고, 이를 방지하기 위해 또다시 새로운 법률을 만들어야만 하는 끝없는 악순환에 빠지고 만다. 법치주의에 이러한 일면이 있다는 사실은 인정하지 않을 수 없다.

단 이렇게 지적한 공자도 법률의 필요성을 부정한 것은 아니다. 단지 그의 바람은 법을 통한 엄중한 단속보다는 덕을 통한 교화를 우선시하는 것이었다. 그리고 그는 그 이상을 실현하기 위해 일생을 걸고 열심히 노력했다.

나는 '덕치'가 지향하는 이상을 인정하는 데 있어서는 주저함이 없다. 하지만 현실 정치에서는 '덕치'와 '법치'를 어떻게 조합해 나가느냐가 과제가 될 듯하다.

6. 사람의 무엇을 볼 것인가

**상대방의 현재 행동뿐 아니라 한발 더 나아가
그 동기와 목적이 무엇인지까지 관찰한다면
그 어떤 사람도 자기 본성을 다 숨길 수 없다.**

視其所以, 觀其所由, 察其所安, 人焉廋哉

(시기소이, 관기소유, 찰기소안, 인언수재)

그 하는 바를 보고, 그 연유를 살피며, 그 편안히 여김을 살핀다면
사람들이 어찌 자기를 숨길 수 있겠는가.

「위정편(爲政篇)」

공자는 인간의 가능성을 믿고 이상적인 정치를 실현하기 위해 노력했다. 그렇다고 그가 단순한 이상주의자는 아니다. 그는 이상을 바라보면서 눈앞에 놓인 현실 또한 확실히 살폈다.

인간관 또한 마찬가지다. 성선설이라는 말 자체는 쓰지

않았으나, 인간을 믿으며 살아가자는 입장이니 그의 주장이 성선설에 입각했음은 분명하다. 하지만 그런 그조차도 무조건적으로 인간을 믿어 보라고는 하지 않았다. 그는 상대가 어떤 인물인지 잘 살펴본 후 대처하지 않으면 잘못 대응할 우려가 있다고 이야기했다.

여기서 제시한 문장은 이러한 공자의 인간관찰법이다.
원래 중국고전은 매우 실천적이어서 인간관찰법을 다룬 다른 고전들 또한 많다. 이러한 고전들에 따르면 인간을 무엇으로 판단할 것인가에는 세 가지 단서가 있다고 한다.

첫째는 얼굴 생김새다. 얼굴은 마음을 반영한다. 어두운 얼굴, 험악한 얼굴, 야비한 얼굴, 어느 것 하나 마땅치 않다. 마흔 살 정도 된 사람의 얼굴은 좋든 싫든 자신이 만든 것이다. 따라서 누군가 자신을 얼굴로 판단한다 해도 어쩔 수 없을지 모른다.

둘째는 발언이다. 자신감 없는 인간은 자신감 없는 발언을 한다. 두서없는 인간은 정리도 안 된 말을 두서없이 이야기한다. 하물며 변명만 늘어놓는 인간은 신뢰할 수 없다.

단 얼굴 생김새와 발언은 일단 단서가 되긴 하지만, 이 두 가지만으로 판단하기에는 다소 미덥지 않다. 그래서 마지막 결정적 단서로 삼았으면 하는 것이 바로 행동, 즉 평소의 행실이라고 한다.

여기서 소개한 공자의 말은 이러한 내용을 한발 더 깊숙이 파고 들어가 설명한 것이다.

여러 상황에서 잘못된 대응을 하지 않기 위해서는 이러한 인간을 보는 눈을 갈고닦는 노력을 항상 게을리해서는 안 된다.

7. 역사에서 배워라

역사를 배워 현대에 대한 통찰력을 심화해 나갈 때 비로소 지도자로 적합해진다.

溫故而知新, 可以爲師矣(온고이지신, 가이위사의)
옛것을 익히고 새것을 알면 스승이 될 만하다.

「위정편(爲政篇)」

이는 '온고지신(溫故知新)'이라는 사자성어로 널리 알려진 대목이다.

지금과 같은 혼미한 시대에는 어김없이 "역사에서 배워라."라는 목소리가 들려온다. 그렇다면 왜 역사에서 배워야 하는 걸까? 역사에는 몇 가지 좋은 점이 있다.

첫째, 역사는 선인들이 악전고투한 기록이다. 현대를 살아가는 우리는 자신들만 특별히 더 고생하는 것처럼 느끼기 십상이지만, 이는 착각이 아닐 수 없다. 선인들도 본질적으로 비슷한 고생을 끊임없이 반복해 왔다.

예를 들어 부하직원이 의욕적으로 열심히 일하게 하려면 어떻게 하는 것이 좋을까? 오늘날 리더들에게는 절실하게 풀어야 할 과제지만, 사실 이는 어제오늘의 문제가 아니다. 3천 년 전부터 모든 리더들이 이 문제로 고생해 왔다. 이러한 선인들의 고생에서 배울 수 있다면 현대를 좀 더 강인하게 살아갈 수 있을지도 모른다.

둘째, 역사는 인간의 성공과 실패의 기록이기도 하다. 역사 기록에는 '이 장군은 이러한 전략전술을 써서 멋지게 승리를 손에 거머쥐었구나!', '이 정치가는 이러한 정치를 펼친 탓에 결국 나라까지 멸망시키고 말았군!' 등의 사례가 수없이 많이 각인(刻印)되어 있다.

그런데도 이미 인간은 어처구니없을 정도로 끊임없이 같은 실패를 반복해 왔다. 이는 학습한 만큼의 효과가 그다지 없었다고도 할 수 있다. 역사를 통해 이러한 실패를 확실히 배울 수 있다면 적어도 비슷한 실패는 줄일 수 있지 않을까?

셋째, 역사는 국가나 조직이 흥하다가 망하거나, 망하다가 흥하는 흥망성쇠의 기록이다. 그런데 이때 아무렇게나 흥했다가 마음대로 망하는 것이 아니다. 흥할 이유가 있었기에 흥했고, 망할 원인이 있었기에 망한 것이다. 그 근저에는 자연스럽게 '흥망성쇠의 이치'라는 것이 작용했을 터이다.

어렴풋하게라도 이를 습득할 수만 있다면 눈앞의 사태에 일희일비하지 않고 살아갈 수 있을 듯하다.

8. 읽고 생각하라

독서에만 빠져 사색을 게을리한다면 모처럼 얻은
지식을 습득할 수 없고, 사색에만 빠져 독서를
게을리한다면 독단에 빠지고 만다.

學而不思則罔. 思而不學則殆(학이불사즉망. 사이불학즉태)

배우고 생각하지 아니하면 어리석어진다.
생각만 하고 배우지 아니하면 위태로워진다.

「위정편(爲政篇)」

"요즘 젊은 세대는 책을 안 읽어!"
"아니, 책은커녕 신문도 읽지 않는 사람이 늘고 있어!"
전철 안에서 이런 한탄의 목소리가 들려왔다.

물론 요즘 시대에 유행하고 있는 휴대폰이나 메일만으로도 생활할 수 있을지 모른다. 나 또한 이러한 것들의 편리함을 인정하는 데 결코 인색하지 않다. 하지만 제대로 된 책을 읽지 않으면 기본적인 교양이 결여된 깊이 없는 인간이 되고 만다. 어쩌면 자기만의 견식도 없이 그저 헛되게 사회 속을 떠도는 인간만 늘어날지 모른다.

그렇다면 제대로 된 책이란 어떤 책일까? 일단은 고전이라고 해 두자.

예전부터 많은 책들이 쏟아져 나왔다. 하지만 그중 한심한 책들은 점점 사라지고 제대로 된 책만이 줄곧 읽혀져 고전으로서 전해진다. 이 책에서 다루는 『논어』나 『한비자』 또한 무려 2천 수백 년 전에 쓰인 책들이다.

이런 오래된 옛날 책이 과연 지금에도 도움이 될지 의심스러울지도 모른다. 그런데 도움이 된다. "불역유행(不易流行)"이라는 말이 있다. '불역(不易)'이란 시대가 변해도 변하지 않는 것, '유행(流行)'이란 시대와 함께 변해 가는 것을 뜻한다. 그 가운데 중국고전은 바로 '불역' 부분에 관해 이야기한다. 게다가 그 내용은 정치나 경영, 일이나 생활 등 인간이 영위하는 삶에 관한 모든 이치이자 인생을 살아가기 위한 지혜다. 그렇기에 지금도 참고로 삼고 싶은 내용이 많다.

그렇다면 이러한 고전을 어떻게 읽으면 좋을까? 공자의 말에 따르면 책에 있는 내용을 그대로 받아들여서는 안 된다고 한다. 즉 자기 머릿속에서 내용을 음미하면서 읽으라는 뜻이다.

과연! 이렇게만 읽을 수 있다면 배운 내용을 단순한 지식 수준에 그치지 않고 살아 숨 쉬는 지혜로 습득할 수 있을 듯하다.

9. 거짓말하지 마라

**거짓말하는 인간은 어엿한 사회인으로
평가할 가치가 없다.**

人而無信, 不知其可也(인이무신, 부지기가야)
인간으로서 신의가 없으면 올바른지 아닌지 알 수 없다.

「위정편(爲政篇)」

'신(信)'은 거짓말을 하지 않는다, 약속은 반드시 지킨다 등의 의미로, 덕을 구성하는 중요한 요소 중 하나다. 공자는 이러한 '신'이 결여된다면 사회인으로서 실격이라고 이야기했다. 왜 그럴까? 두말할 필요도 없이 주위 사람의 신뢰를 얻을 수 없기 때문이다.

그런데 이 세상에는 처음부터 의식적으로 거짓말을 해서 다른 사람을 속여 보려고 접근하는 인간도 있다. 이런 사람은 사기꾼과 다름없어서 신뢰를 잃는 것은 물론 범죄행위로까지 발전할 수도 있다. 여기서는 이러한 인간은 제외하도록 하겠다.

문제는 우리 보통 인간이다. '되도록 거짓말을 하고 싶지 않다.', '약속은 지키고 싶다.'고 생각하면서도 마음과는 다르게 정반대의 행동을 하게 되어 나중에 '아차' 싶을 때가 있다. 그 결과 자기 마음에 상처를 입는 것은 물론 상대방의 신뢰까지 잃고 만다. 가만 생각해 보면 이런 수지타산 안 맞는 이야기가 또 있을까!

왜 이 지경이 되는 걸까? 대부분의 경우 그 원인은 자기 발언에 있는 것 같다.

예를 들어 분위기에 휩쓸려 경솔하게 이야기하거나 상대방을 위한 일이겠거니 하는 마음에 약속을 한 것이 어긋나 결과적으로 거짓말을 해야 되는 경우가 있다. 이럴 경우 사소한 일이라면 미안하다 사과하면 되지만, 책임감 있는 입장이라면 그 정도로는 해결되지 않을 때도 있다.

이렇게 되지 않으려면 평소 발언에 주의해야 한다. 약속을 할 때는 사정을 잘 생각하여 자신이 할 수 있는 일인지 여부를 충분히 검토한 후 대답하길 바란다.

이때 우리가 곧잘 하는 실수가 바로 경솔한 약속이다. 평소에는 과묵한 사람도 술이라도 들어가면 자기도 모르게 입이 가벼워져 "네, 네 알겠습니다. 어떻게든 한번 해보죠!"라고 약속을 하고 만다.

하지만 이렇게 경솔하게 한 약속일수록 잘 안 되는 경우가 많고 그 결과 상대방의 신뢰까지 잃고 만다.

말이 많은 것은 백해무익하다. 아무쪼록 경솔한 약속은 경계하길 바란다.

10. '눌언민행(訥言敏行)'을 마음속에 새기길 바란다

**군자가 달변일 필요는 없다.
그보다는 기민한 행동을 마음속에 새기길 바란다.**

君子欲訥於言, 而敏於行 (군자욕눌어언, 이민어행)
군자는 말은 어눌하되 행동은 민첩해야 한다.

「이인편(里仁篇)」

공자는 행동이 뒤따르지 않는 언변을 싫어했다. 『논어』를 보면 이런 취지의 말이 거듭 되풀이되는데, 이 문장도 그 중 하나다.

중국인 중에는 언변이 뛰어난 타입이 많은 것 같다. 특히 자기가 불이익을 당하게 되면 맹렬한 기세로 퍼부어댄다. 그래서인지 회의를 할 때도 서로의 주장이 부딪히면 좀처럼 논의가 끝나지 않아 '논의를 하지만 결론을 낼 수 없다.'고 일컬어지곤 한다.

그런데 중국인의 이러한 버릇은 어제오늘 일이 아니다. 예전부터 그랬다. 공자의 제자들 중에도 이런 타입의 인간이 많았음이 틀림없다. 이 문장은 공자가 그러한 제자들에게 '중요한 것은 언변보다는 행동'이라고 못 박은 것이다.

굳이 따지자면 일본인 중에는 중국인과 달리 과묵한 타입이 많은 것 같다. 이는 실천을 중시하는 무사도 등의 영향으로 거들먹거리며 말하는 것을 떳떳하게 여기지 않는 전통이 살아 있어서일지도 모른다. 따라서 공자의 이 말을 들어도 딱히 위화감을 느끼지는 않을 듯하다.

물론 일본인 중에도 가끔 언변이 뛰어난 사람을 찾아볼 수 있는데, 특히 이런 타입은 정치인들 중에 많다. 그들을 보고 있자면 '말은 잘 한다만 실행은 어떻게 할 건데?'라는 생각이 든다.

게다가 이러한 타입은 어설프게 언변이 좋아 자기가 내뱉은 실언을 무마해야 하는 상황에 빠지는 경우가 많다. 이렇게 되면 신뢰성에 의심이 간다.

달변인 사람을 보면 아무래도 그런 인상을 받는다.

혹시 몰라 부연설명을 해 두자면 공자는 행동이 뒤따르

지 않는 언변은 싫어했지만, 언변 그 자체를 부정하지는 않았다. 아니, 부정하기는커녕 크게 인정했다.

아무리 과묵이 좋다 해도 말을 해야 할 때 우물쭈물 망설여서는 곤란하다. 서툴러도 좋으니 제대로 이치에 맞게 자기 의견을 상대방에게 전달할 수 있을 정도의 언변은 습득해 두길 바란다.

11. 덕이 필요하다

**덕이 있는 인물은 고립되지 않는다.
반드시 이에 공감해 주는 사람이 나타난다.**

德不孤, 必有隣(덕불고, 필유린)
덕은 외롭지 않고 반드시 이웃이 있다.

「이인편(里仁篇)」

이는 덕의 좋은 점이라 해야 할까? 덕의 효용에 관해 이야기한 문장이다. 공자는 덕이 있어야 주위 사람에게 신뢰를 받고 그들의 지지를 쌓을 수 있다고 이야기했다.

덕은 몇 가지 요소로 구성되는데, 앞에서도 언급했듯이 공자는 그중에서도 '인(仁)'(배려, 따뜻한 마음)을 가장 중시했다. 물론 공자가 '인'만 중시한 것은 아니다. 예를 들어 이미 앞에서 설명한 '신(信)'(거짓말을 하지 않는다)은 물론, '지(智)'

(통찰력), '용(勇)'(용기, 결단력), '겸(謙)'(겸허), '관(寬)'(관용, 포용력) 등도 공자가 중시한 덕을 구성하는 요소들이다.

이런 요소들이 혼연일체가 되어 덕을 구성하고, 그 사람 특유의 인간적 매력을 만들어 낸다. 그리고 이러한 인간적 매력이 사람들의 마음을 사로잡아 지지의 폭을 넓혀 나간다.

일본의 선인들은 이러한 '덕'을 중시하여 가정은 물론 학교에서도 다음 세대에게 이를 가르쳐 여유 있는 사회를 구축해 왔다. 그리고 그 전통이 약해지고 있다고는 하지만 지금도 살아 숨 쉬고 있다.

그렇다면 무슨 일이 있을 때마다 글로벌 스탠더드(Global Standard)를 내세우는 미국은 어떨까? 언젠가 미국 지인과 이야기를 나누다 "베트남 전쟁 때까지만 해도 미국 사회 역시 덕이 살아 있었어요. 그런데 그 후 점점 이상해지더니 지금은 덕 같은 건 찾아보기 힘들어요."라고 한탄하는 소리를 들었다. 그러고 보니 무슨 일만 생기면 그 즉시 재판을 걸어 돈을 뜯어내려는 방식이 미국식인 것 같다. 따라서 미국이라는 나라는 배울 점도 많지만 절대 배워서는 안 될 점 또한 많은 나라라는 점을 잘 생각해서 대처해야 한다.

한편 중국은 어떨까? 중국 또한 공산당이 천하를 잡고

나서부터는 계급투쟁사관이라는 것이 세력을 떨치며 정작 중요한 '덕'은 어디론가 내팽개쳐 버렸다. 또 최근에는 경제우선이라 하여 금전만능주의가 판을 치고 있다. 요즘 들어 조금씩 이를 바로 잡으려는 분위기가 생겨나고 있는 것 같긴 하지만, 그 움직임은 아직 미약하다.

다행히 일본에는 선인들이 남겨준 '덕'이라는 유산이 있다. 이를 다 망가뜨리는 일이 없도록 앞으로도 소중히 간직해 주길 바란다.

12. 근본이 잘못되면 방법이 없다

**썩은 나무에는 조각할 수 없고,
나쁜 흙으로 세운 담에는 덧칠할 수 없다.**

朽木不可雕也, 糞土之牆不可杇也
(후목불가조야, 분토지장불가오야)
썩은 나무에는 조각할 수 없고,
썩은 흙으로 쌓은 토담은 손질할 수 없다

「공야장편(公冶長篇)」

공자는 근본이 나쁘면 어찌할 도리가 없다고 이야기했는데, 이 문장은 그가 재여(宰予), 또는 재아(宰我)라는 이름으로 불리던 제자를 혼낼 때 쓴 문장이다. 그렇다면 재여는 왜 이렇게 심하게 혼났을까? 도대체 그는 어떤 제자였을까?

공자는 젊었을 때부터 제자들을 받아들여 가르쳤다. 공

자 자신도 "입학금만 조금 내면 어떤 사람이든 제자로 받아들였다."고 말하듯 공자서당의 문은 넓게 열려 있었다. 그 결과 밑으로는 서민에서부터 위로는 귀족 자제에 이르기까지 폭넓은 계층의 제자들을 거느렸고, 그곳에서 배우고 떠나간 제자들의 수만 해도 3천 명에 달했다고 한다.

그중에서도 특히 재주가 뛰어났던 열 명의 제자는 '공문십철(孔門十哲)'이라 불렸는데, 재여라는 제자 또한 이 '공문십철' 중 한 사람이었다.

특히 그가 뛰어났던 재주는 언변으로, 접대성 멘트나 외교협상에 능했던 것 같다.

그런데 그런 그가 왜 이렇게 혹독하게 혼났을까? 아무래도 그 이유는 두 가지였던 것 같다.

첫째, 그의 재주인 언변이 화를 불렀다. 재여도 말만 앞서고 행동이 뒤따르지 않는 사람이었던 것 같은데, 공자는 이에 관해 다음과 같이 비판했다.

"처음에 나는 상대방의 말을 듣고 행동까지 믿었으나, 지금은 행동까지 확인하지 않으면 안심할 수 없게 되었다. 나를 이렇게 바꾼 것이 바로 재여다."

공자는 원래 이런 타입을 싫어했다. 그러니 재여가 혼난 것은 어찌 보면 당연한 일인지도 모른다.

둘째, 의욕 문제다. 공자는 의욕이 없는 인간을 싫어하여 제자들에게도 의욕을 가지라는 의미의 말을 거듭 반복했다. 그런데 다른 제자들이 모두 공부할 때 재여 혼자만 쿨쿨 잠을 잤다고 하니 재여는 의욕도 부족했던 것 같다.

이러한 사실을 알게 된 공자는 "의욕이 없는 인간은 혼내 봤자 아무 소용없다."며 그를 포기해 버렸다고 한다.

13. 이런 사람이 되고 싶다

**연장자에게는 편안함을, 동년배에게는 신뢰를,
연소자에게는 친근함을 준다.**

老者安之, 朋友信之, 少者懷之(노자안지, 붕우신지, 소자회지)
나이 많은 사람은 편안히 해 주고, 친구들에게는 믿음을 주며,
나이 어린 자는 따르게 한다.

「공야장편(公冶長篇)」

공자가 제자들과 한담을 나누던 때의 일이다. "스승님은 어떤 사람이 되고 싶으십니까? 이상으로 삼고 계신 바를 들려주십시오."라는 질문에 대한 공자의 대답이 바로 이 문장이다.

현대의 직장 내 인간관계에 비추어 보면 이해하기 쉬울 듯하다.

우선 연장자와의 관계다. 직장으로 치자면 상사가 이에 해당하는데, 상사로부터 "저 녀석에게 맡겨 두면 안심이 돼."라고 신뢰를 받는 것을 의미한다.

이를 위해서는 무엇이 필요할까? 두말할 필요도 없이 능력이다. 주어진 자리에서 맡은 바 책임을 제대로 완수할 수 있을 정도의 능력이 없으면 안심하고 일을 맡기지 않는다.

단 능력만으로는 충분하지 않다. 일 잘하는 사람은 자칫하면 상사를 무시하고 폭주하는 경향이 있기 때문이다. 이래서는 안심하고 일을 맡기지 않는다. 어쨌든 간에 상사는 상사라는 바로 그 점을 잘 판단하여 접근해야 한다.

다음은 동료와의 관계다. 동료와의 관계에서 '신(信)'이 기본이라는 점은 두말할 필요도 없다. 이때 '나만 괜찮으면 되지 뭐!' 또는 "이것도 내가 할게! 내가!" 등은 절대 용납되지 않는 방식이다. 이런 행동을 하면 신뢰는커녕 친구까지 잃게 된다.

공자는 "己欲立而立人(기욕입이입인)", 즉 내가 어떤 자리에 서고자 한다면 먼저 남을 그 자리에 서게 하라고 이야기했다. 되도록 이 수준을 목표로 해나가길 바란다.

또 하나는 부하직원과의 관계다. 부하직원이 자신을 믿

고 따르게 하는 데 가장 필요한 것은 아마도 '인(仁)'(배려하는 마음, 따뜻한 마음)일 것이다. 알기 쉽게 표현하자면 다른 사람을 잘 돌봐 주는 것이다. 단 도가 지나치면 관계가 너무 끈끈해질 수 있으니, 그러지 않도록 유의하길 바란다.

이렇게 보고 있자면 공자의 말은 평범한 듯하면서도 의외로 어렵다. 따라서 노력하여 도달하고자 하는 목표 정도로 받아들여 준다면 그걸로 충분하지 않을까!

14. 겉모습도 중요하다

**외면과 내면이 잘 어울려 조화를 이룰 때
비로소 군자라 할 수 있다.**

文質彬彬, 然後君子(문질빈빈, 연후군자)
문과 질이 어울려 아름다워야 군자다.

「옹야편(雍也篇)」

'문(文)'은 외관이나 외면, '질(質)'은 실질이나 내면, '빈빈(彬彬)'은 이 두 가지가 잘 어울려 조화를 이루는 것을 의미하며, 이 두 가지가 잘 어울릴 때 비로소 군자라는 뜻이다.

하지만 이렇게 말해도 잘 와 닿지 않을 수 있다.

우선 '질(質)'부터 살펴보자. 실질이나 내면이란 무엇을 뜻하는 것일까? 예를 들어 마음이 따뜻해서 남에게는 관용적이지만 자기 자신은 엄격하게 관리하고, 제대로 된 견식을 습득하여 적절한 판단을 내릴 수 있으며, 의지가 강해 어려움에 처해도 기죽지 않고, 역경에 빠져도 인간의 길에서 벗어나지 않는 내면의 상태를 지칭한다.

이것만으로도 군자의 조건으로 충분하지 않을까라는 생각이 드는데, 공자는 이와 더불어 외관이나 외면에도 신경 쓰길 바란다고 이야기했다.

외관이나 외면이란 그 사람을 보고 주위 사람이 받는 인상을 의미한다. 구체적으로 말하자면 그 사람의 얼굴이나 태도, 자세, 언동, 걸음걸이 등을 뜻하는데, 이러한 것들을 종합해서 '아, 괜찮네.', '산뜻하네.' 등의 인상을 줄 수 있는 모습이 필요하다는 것이다.

예를 들어 얼굴을 보자. 흐리멍덩한 얼굴, 해이한 얼굴 등은 좋지 않다. 야비한 얼굴도 곤란하다. 일에 대한 책임, 가족에 대한 책임을 자각한다면 자연스럽게 얼굴도 긴장감을 띠지 않을까?

반면 해이한 얼굴은 사회인으로서 실격이라 하지 않을 수 없다.

자세나 걸음걸이도 마찬가지다. 다른 사람이 자신의 비뚤어지거나 칠칠치 못한 자세와 걸음걸이를 보고 '이 자식은 아마 마음도 해이하겠지?'라고 판단한다 해도 어쩔 수 없다. 따라서 가능한 한 평소에 허리를 곧게 펴고 경쾌하게 걸을 수 있도록 신경 써 주길 바란다.

젊은 사람들을 보고 있자면 헤이와보케(平和ボケ, 평화가 지속돼서 분별력을 잃은 상태, 안전 불감증-역주)가 드러나는 것인지 해이한 얼굴, 비뚤어진 자세, 칠칠치 못한 걸음걸이가 많이 눈에 띄는데, 일단 이를 바로잡아야 한다. 그러면 마음도 다소 긴장감을 유지할 수 있지 않을까?

앞으로 살아갈 사람들은 특히나 '문질빈빈(文質彬彬)'을 지향해 나가길 바란다.

15. 의욕을 가져라

**상대방의 의욕이 끓어오르지 않는다면
도와주지 않고, 입 밖으로 말을 내뱉지 않는다면
도움의 손길을 주지 않는다.**

不憤不啓, 不悱不發(불분불계, 불비불발)
분발하지 않으면 계도하지 않고,
애태우지 않으면 말해 주지 않는다.

「술이편(述而篇)」

'분(憤)'이란 의욕이 끓어오르는 것, '계(啓)'란 어딘가에 들어 있는 것을 문을 열어 꺼내는 것, '비(悱)'란 하고 싶은 말이 입 언저리까지 나와 있는 것, '발(發)'이란 숨어 있는 것을 밖으로 꺼내는 것을 의미한다. 지금도 자주 사용되는 '계발(啓發)'이라는 말의 어원이 된 문장이기도 하다.

이는 공자가 제자들에게 건넨 말인데, 이것단으로는 이해하기 어려울 듯하다. 공자는 대체 무슨 말이 하고 싶었던 것일까? 이를 요약하자면 의욕적으로 공부하라는 뜻이다.

공자가 제자들에게 가장 원했던 것이 바로 '의욕'이다. 공자는 "의욕이 없는 녀석은 어쩔 도리가 없어.", "일을 시작해 놓고는 중간에 포기해 버려!" 라고도 이야기했다.

의욕을 가지는 것이란 공자 자신이 직접 실천한 것이기도 하기에 제자들도 마찬가지기를 바란 것이다.

의욕이 없는 상대에게는 무리하게 가르치려 해도 고생만 고생대로 할 뿐 그만큼의 효과가 오르지 않는 것은 분명하다. 따라서 의욕이 있느냐 없느냐에 따라 일의 달성도가 크게 달라진다.

공자는 한결같이 제자들에게 스스로 깨달아 의욕을 가져줄 것을 호소했다. 하지만 현대의 교육현장은 의욕을 가져달라는 호소만으로는 충분하지 않다. 따라서

1. 흥미를 유발할 수 있도록 가르치는 방법을 궁리하고
2. 만약 성과를 냈다면 아무리 작은 것이라도 좋으니 칭찬해 주어야 한다.

이 두 가지만 신경 써도 조금은 의욕을 끌어낼 수 있지

않을까?

또 공부에만 의욕이 필요한 것이 아니다. 일도 마찬가지다. 공자의 가르침을 계승한 『맹자』라는 고전에 이런 말이 있다.

"不爲也, 非不能也(불위야, 비불능야)."

일을 잘 못하는 것은 하려 하지 않기 때문이지 원래 못하는 것이 아니므로, 대부분의 일은 의욕을 가지고 노력하면 해낼 수 있다는 뜻이다.

분명 의욕이 없으면 그 어떤 일도 시작되지 않는다.

자, 그러니 의욕을 가지고 도전해 보자!

16. 난폭한 사람은 필요 없다

**맨손으로 호랑이에게 맞서고 걸어서 황하를 건너려는
무모한 자는 사절한다.**

暴虎馮河, 死而無悔者, 吾不與也 (포호빙하, 사이무회자, 오불여야)
나는 맨손으로 호랑이를 때려잡고 맨몸으로 황하를 건너다가
죽어도 후회가 없다는 자와는 함께 하지 않을 것이다.

「술이편(述而篇)」

공자에게 자로(子路)라는 제자가 있었다. 자로는 공자의 유명한 제자들 중 가장 나이가 많은 사람으로, 공자와는 9살 차이밖에 나지 않았다. 그런데 그는 의협심이 넘쳐서 앞뒤 가리지 않고 무모하게 덤비는 면이 있어 공자에지 여러 차례 혼나기도 하고 타이름을 받기도 했다. 한편 자로 또한 공자에게 서슴없이 편하게 말을 했던 것 같다. 어쩌면 공자가 가장 마음을 허락한 제자였는지도 모른다.

그런 자로가 어느 날 "스승님이 국군의 총사령관으로 임명되신다면 어떤 인물에게 의지하시겠습니까?"라고 질문했다고 한다.

자로 입장에서는 '그건 당연히 자네 같은 인물이지.'라는 대답을 기대했을 터이다. 하지만 공자에게서 돌아온 대답은 자로의 예상과 달리 여기서 소개한 문장이었다.

그리고 공자는 이렇게 덧붙였다.

"必也臨事而懼, 好謀而成者也(필야림사이구, 호모이성자야)."

무슨 일에든 신중히 대처하고 주도면밀한 방책을 세워 대처하는 사람에게 의지하고 싶다는 말이다. 이 말에는 아무리 의협심 강한 자로라도 찍소리 못했음이 틀림없다.

자로라는 제자는 학문적 교양이 다소 부족하여 젊은 수재들로부터 무시를 당한 것 같지만, '용(勇)', 즉 용기만은 넘쳐흘렀다.

'용'은 덕을 구성하는 중요한 요소 중 하나로, 공자 또한 '용'의 중요성을 인정했으나 무조건적으로 인정한 것은 아니다. 예를 들어 다음과 같다.

"勇而無禮則亂(용이무례즉란)."

예로써 제동을 걸지 않으면 그저 난폭해질 뿐이라는 뜻이다.

"君子, 有勇而無義爲亂, 小人, 有勇而無義爲盜(군자, 유용이무의위란, 소인, 유용이무의위도)."

'의(義)'(인간으로서의 바른길)로써 제동을 걸지 않으면 군자는 반란을 일으키고 소인은 도둑질로 치닫게 된다는 뜻이다.

이처럼 공자는 자로의 인품을 아끼면서도 '용(勇)'이 내포하고 있는 위험성에 못을 박았다.

17. 공부의 장은 어디에나 있다

**세 명이 같이 길을 걸어가면 반드시
다른 두 사람에게서 가르침을 받을 일이 있다.**

三人行, 必有我師焉(삼인행, 필유아사언)
세 사람이 걸어가면 반드시 나의 스승이 있다.

「술이편(述而篇)」

공자라는 인물은 불우한 가정환경에서 자랐다. 그는 "吾十有五而志乎學(오십유오이지호학)", 다시 말해 열다섯 살에 학문으로 출세하리라고 결의했다고 하는데, 특정한 스승 밑에서 배웠다는 기록은 없다. 기본적인 읽고 쓰기 정도는 어머니에게서 배웠을지 모르나, 그 후 했던 공부는 거의 독학에 가깝지 않았을까? 이 문장에서는 이러한 공자의 경험이 묻어나오는 것 같기도 하다.

학교 공부만이 공부가 아닌 것은 분명하다. 그렇다고 책을 읽는 것만이 공부도 아니다. 앞선 문장에서와 같은 실천적인 공부도 있다. 특히 인생을 살아가는 데 필요한 '인생의 지혜'와 같은 것은 학교에서 배우는 것보다 실제 사회 속에서 부대끼며 살아가면서 습득한다. 만약 그렇다면 어떠한 환경에 있더라도 배울 대상이 부족할 일은 없으니, 결국 배움은 본인의 마음가짐에 달렸다고 할 수 있다.

예전엔 일본에서도 대학은 물론 중학교조차 극히 일부 계층의 사람들만 진학할 수 있었다. 하지만 초등학교밖에 나오지 않아도 훌륭한 일을 한 사람은 많다. 예를 들어 마쓰시타 전기(松下電器)를 창업한 마쓰시타 고노스케(松下幸之助) 역시 초등학교밖에 나오지 않았다고 한다. 그럼에도 그가 쇼와 시대(昭和, 1926년부터 1989년까지의 일본의 연호-역주)의 명경영자로서 한 시대를 구축할 수 있었던 것은 사회로 나온 후의 공부 덕분이었다는 건 두말할 필요도 없는 사실이다.

공자는 "상대가 누구든 배울 점이 있다."고 이야기했는데, 개중에는 "내 주위엔 배울만한 사람이 없어!"라고 불평하는 사람도 있을 것이다. 옛사람들 역시 "經師易遇, 人師難遇(경사이우, 인사난우)"(『후한기(後漢紀)』)라 한탄했다. 학문적 스승은 만나기 쉽지만, 인생의 스승은 좀처럼 만나기 어렵다는 뜻이다.

하지만 한탄할 것도, 포기할 것도 없다. 공자는 이어서 이렇게 말했다.

"擇其善者而從之, 其不善者而改之(택기선자이종지, 기불선자이개지)."

좋은 점이 있으면 이를 본받으면 되고, 좋지 않은 점이 있으면 '저러면 안 되겠구나!'라고 자신을 반성하는 기회로 삼으면 된다는 뜻이다. 과연! 그렇다면 상대가 누구든 배울 수 있지 않을까?

18. 고생이 사람을 만든다

따뜻함 속에 엄격함이 있고,
위엄이 있으면서 위압감은 없으며,
겸허하면서도 구차한 느낌을 주지 않는다.

子溫而厲, 威而不猛, 恭而安(자온이려, 위이불맹, 공이안)
공자는 온화하면서도 엄격하고,
위엄이 있으면서도 사납지 않으며,
공손하면서도 편안하였다.

「술이편(述而篇)」

이는 제자들이 공자의 인품에 관해 이야기한 문장이다. 여기서 '자(子)'란 스승이라는 뜻으로 공자를 의미하는데, 진정으로 균형 잡힌 인간상이 떠오르지 않는가!

첫 번째는 '온이려(溫而厲), 온화하면서도 엄격하다.' 이다. 마음이 따뜻하여 그 마음이 자연스럽게 얼굴이나 태도에 스며 나와 친근한 분위기를 만들어 낸다. 그렇기에 사람들이 주위에 모이고 그를 따르는 것이다. 하지만 그것만으로는 그냥 호인(好人)이 되기 십상이다. 따라서 어딘가에 '엄(嚴)', 즉 엄격함을 갖추어 흔들림이 없기를 바란다.

두 번째는 '위이불맹(威而不猛), 위엄이 있으면서도 사납지 않다.'이다. '위(威)', 즉 위엄이 있기에 주위 사람에게서 높은 평가를 받고 조직을 통제할 수 있다. 반면 위엄이 없으면 얕보이거나 무시당해 조직에서 붕 뜬 존재가 되고 만다. 하지만 그렇다고 위엄이 너무 지나치면 주위 사람을 위축시키고 자신에게 다가오는 사람조차 멀어지게 만들 수도 있는데, 공자에게는 이런 점이 없었다고 한다.

세 번째는 '공이안(恭而安), 공손하면서도 편안하다.'이다. '공(恭)'에 공손하다는 뜻이 있듯이 태도나 언동이 겸손함을 의미한다. 이 또한 중요한 미덕이지만, 도가 지나치면 필요 이상으로 굽실거려 오히려 거북스러운 인상을 준다. 공자의 경우 같은 겸손함이라도 억지로 하는 느낌이 아니라 너무나 자연스럽고 편안했다고 한다.

그렇다면 공자는 어떻게 이런 사람이 될 수 있었을까?

앞에서도 이미 말했듯 공자는 인생의 쓴맛, 단맛을 다 경험한 사람이었다. 또한, 좋은 환경에서 시작한 것도, 혜택받은 코스를 밟은 것도 아니었다. 그는 수십 년 동안 능력을 인정받지 못하는 고생을 견뎌내면서 기회가 오기만을 기다렸는데, 이러한 고생이 그를 단련시켰다고 해도 과언이 아니다.

물론 고생이 계속되면 고생에 짓눌려 무너져 버리는 사람도 있지만 공자는 무너지지 않았다. 아니 무너지기는커녕 고생을 발판 삼아 자신을 갈고닦았는데, 이는 그에게 세상 사람을 위해 일하고 싶다는 의지가 있었기 때문이다.

공자가 이러한 의지에 격려받으며 자신을 갈고닦았다는 사실을 잊어서는 안 된다.

19. 어디까지 알릴 것인가

**백성은 정부의 시정방침에 따르게 할 수는 있어도
그 이유까지 이해시키기는 어려운 존재다.**
民可使由之, 不可使知之(민가사유지, 불가사지지)
백성을 따르게 할 수는 있어도 그 이유를 이해시키기는 어렵다.
「태백편(泰伯篇)」

공자의 이 말은 예로부터 여러모로 물의를 일으켜 왔다.

'백성이란 정부의 명령에 따르게만 하면 되고 방침까지 설명할 필요는 없는 존재다.'라고 해석하여 봉건사상의 전형이라고 단정 짓는 사람이 있는가 하면, 한발 더 나아가 '그래서 유교는 지금 시대에는 맞지 않는다.'라는 극단적인 논리를 펼치는 사람도 있었다. 이런 해석들이 있었던 것은 분명한 사실이다. 하지만 이것이 일반적으로 인정되는 통설은 아니다.

문제는 '가(可)'라는 한자다. 이 '가'를 '해야 한다.'로 해석하면 '꼭 그래야 한다.'나 '그러지 않으면 안 된다.' 등의 이미지가 강해진다. 하지만 '가'에는 원래 '할 수 있다.'라는 가능의 의미도 있다. 그러므로 여기에서도 '따르게 할 수는 있어도 이해시킬 수는 없다.'라고 해석하는 편이 좋다. 그러면 봉건사상이라고 눈꼬리를 치켜뜰 이유도 없지 않은가!

그런데도 "아니, 그렇다고 해도 백성을 얕보는 거야.", "역시 봉건사상이야."라고 반론하는 사람이 있을지 모른다. 하지만 과연 그럴까? 여기서 우리는 공자의 말이 지금으로부터 이천오백 년 전의 발언이라는 점에 유의해야 한다.

당시 백성(대부분이 농민)은 위정자들에게 벌레 같은 존재였다. 물론 글자 따위는 읽지도, 쓰지도 못했다. 양식(良識) 있는 위정자들에게조차 백성은 일방적으로 은혜를 베풀어야 할 대상에 불과했다. 단 하나 백성이 정치에 참여할 기회가 있다면 그건 반란을 일으킬 때로 그 외에는 전혀 그런 기회가 없었다고 해도 과언이 아니다.

공자의 발언이 이러한 시대에 나온 말이라는 점을 고려한다면 극히 지당한 의견이라고 할 수 있다.

그렇다면 지금의 일본은 어떤가? 일단 민주주의를 내걸

고 선거로 민의가 반영되는 구조다. 하지만 선거로 선출된 국회의원들을 보고 있자면 '대체 왜 이런 사람이 국회의원이 됐지?'라는 생각이 드는 이가 적지 않다. 선거를 이렇게 한 걸 보면 현대의 '민(民)', 국민의 수준도 옛사람들에게 으스댈 정도로 높은 건 아니지 않은가? 그러니 '그것 봐라!'라고 공자에게 비웃음 당할 일 없도록 '민', 바로 국민의 질을 향상해 나가야 한다.

20. 네 가지 결점이 없었다

스승에게는 네 가지 결점이 없었다.
첫째 주관만으로 억측하는 것,
둘째 자기 생각을 무턱대고 관철시키는 것,
셋째 한 가지 생각만 고집하는 것,
넷째 자기 입장만 생각하는 것.
子絶四. 毋意, 毋必, 毋固, 毋我 (자절사. 무의, 무필, 무고, 무아)
공자에게는 네 가지가 전혀 없었으니 억측하지 않고,
관철시키지 않으며, 고집하지 않고, 아집을 부리지 않았다.
「자한편(子罕篇)」

이 문장 또한 제자가 공자에 관해 이야기한 부분인데, 이 말을 한 제자가 누구인지는 알 수 없다. 어쩌면 여러 제자들의 의견이 집약된 것인지도 모른다.

공자는 고생을 발판 삼아서 자신을 갈고닦아 원만한 인격을 형성하는 데 성공했다. 그렇다면 '원만'이란 무엇일까? 여기에 나열된 것이 바로 그 구체적인 내용이다.

첫째, '무의(毋意)'다. 이때 '의(意)'란 주관만으로 억측하는 것을 의미한다.

잘못된 판단을 내리지 않기 위해서는 정보를 폭넓게 수집하고 분석하여 검토한 후 현장에 가서 직접 자기 눈으로 확인해야 한다. 이런 노력을 게을리한 채 주관적·희망적인 관측으로 내달리면 반드시 실패하고 만다.

둘째, '무필(毋必)'이다. 여기서 '필(必)'이란 자기 생각을 무리하게 관철시키는 것을 의미한다.

물론 사회인으로서 자립해 나가기 위해서는 자기 생각이 확실해야 한다. 하지만 그렇다고 해서 이를 남에게 강요한다면 반발을 사거나 미움을 받게 되어 잘 풀릴 이야기도 잘 풀리지 않게 되므로, 때로는 능수능란하게 타협하는 기술 또한 익혀 두지 않으면 결국 벽에 부딪히고 만다.

셋째, '무고(毋固)'다. 이때 '고(固)'란 한 가지 생각을 고집하는 것을 의미한다.

미리 이렇다고 결론지어 놓고 이에 연연하면 판단을 그르치는 일이 많아지고, 기성관념이나 고정관념에 빠져 있으면 시대의 움직임에 뒤처지고 만다.

넷째, '무아(毋我)'다. 여기서 '아(我)'란 자기 입장만 생각하는 것을 의미한다.
일본어에는 '아(我)'라는 한자가 들어가 '고집을 부리다.', '자기주장을 밀고 나가다.' 등의 뜻을 지닌 말들이 있는데, 이래서는 다른 사람에게 미움을 받거나 기피 당해 인간관계 속에서 고립되고 만다.

그런데 공자에게는 이러한 네 가지 결점이 없었다고 한다. 이를 통해 우리는 제대로 된 견식에 입각한 유연하고 자유로운 공자의 인품을 느낄 수 있다. 우리도 공자 수준까지는 아니더라도 이를 목표로 해 나갔으면 좋겠다.

21. 젊은이에게는 가능성이 있다

**젊음은 그 자체만으로 풍부한 가능성을 내포한다.
미래를 살아갈 인간이 지금을 사는 인간보다
열등하리라고는 절대 이야기할 수 없다.**
後生可畏. 焉知來者之不如今也(후생가외. 언지래자지불여금야)
뒤에 태어날 사람이 가히 두렵다.
어찌 오는 사람이 지금과 같지 않음을 알 수 있으랴.
「자한편(子罕篇)」

'후생(後生)'이란 나중에 태어날 사람, 앞으로 이 사회를 지탱해 나갈 사람을 의미하고, 이런 사람에게는 일단 장래성과 가능성이 있어 앞으로 어떻게 변할지 모르니 가히 두렵다는 뜻으로, 공자가 젊은 세대에게 기대를 걸고 한 말이다.

나이 든 사람에게는 자기도 모르게 "요즘 것들은!"이라고 이야기하고 싶어지는 경향이 있다고 한다. 나 또한 입 밖으로 내지는 않았어도 때로는 그런 생각이 들곤 한다.

하지만 공자는 그런 말을 입에 담기는커녕 오히려 '후생가외(後生可畏), 뒤에 태어날 사람이 가히 두렵다.'며 젊은이들의 장래성에 응원을 보냈다. 그렇다면 공자는 젊은이들을 대할 때 "좋아, 좋아!"라고 칭찬만 했을까? 절대 그렇지 않다. 칭찬 뒤에 바로 엄하게 못을 박았으니, 역시 공자는 뛰어난 사람이다.

"四十五十而無聞焉, 斯易不足畏也已(사십오십이무문언, 사역부족외야이)."

이는 40, 50세가 되도록 사람들에게 알려질 만한 일을 하지 못했다면 정말 어찌할 도리가 없다는 뜻이다.

물론 현대의 40, 50세는 '코흘리개'라 불릴 수 있을 정도로 아직 성장 중인 연령대다. 반면 공자가 살았던 시절의 40, 50세는 거의 인생의 종반에 가깝다. 그러니 40, 50세라는 나이에 꼭 연연할 필요는 없지 않을까? 다시 말해 자기 일생을 통해 뭐라도 좋으니 남에게 인정받을 수 있는 인간이 되길 바란다는 뜻으로, 공자는 만약 그렇게 하지 못한다면 모처럼 이 세상에 태어난 보람이 없지 않느냐고 말하고 싶었던 것 같다.

그렇다면 공자의 기대에 부응하려면 어떻게 하는 것이 좋을까?

일단 자신이 무엇을 하고 싶은지, 어떤 인간이 되고 싶은지 자기 나름의 의지(목표)를 세우길 바란다. 그리고 의지가 섰다면 그다음에는 의욕적으로 도전해야 한다.

과연 지금의 젊은이들에게 이런 각오가 있을까?

22. 진가는 역경 속에서 빛을 발한다

겨울철 혹독한 추위가 온 후에야 비로소 소나무와 측백나무가 언제까지고 시들지 않고 추위를 견뎌내고 있음을 확인할 수 있다.

歲寒, 然後知松柏之後彫也(세한, 연후지송백지후조야)
날씨가 추워진 후에야 소나무와 측백나무가 늦게 시듦을 안다.

「자한편(子罕篇)」

혹독한 추위가 다가오면 다른 나무들은 초록 잎이 다 시들어 벌거숭이가 되지만, 소나무와 측백나무만은 추위를 견뎌 내며 푸르디푸른 나뭇가지와 잎을 무성하게 피워 낸다고 한다.

참고로 '백(柏)'은 일본에서는 낙엽수인 떡갈나무를 뜻하는데, 중국에서는 측백나무라 불리는 상록수를 의미한다. 이

측백나무는 일본에서는 좀처럼 찾아볼 수 없지만 중국에서는 사원 등의 울타리로 사용되어 어디에서나 쉽게 볼 수 있는데, 소나무와 더불어 '송백(松柏)'이라 불리며 굳은 지조에 비유되어 왔다.

공자가 하고 싶었던 말도 바로 이것이다. 공자는 인간의 진가도 소나무나 측백나무처럼 혹독한 추위의 역경에 부딪혔을 때 발휘된다고 이야기했다.

공자라는 인물은 정치에 뜻을 두었으나 그의 정치생활은 대체로 불우했다. 무엇보다 당시 정부는 '경대부'라 불리는 귀족계급의 손에 의해 움직이고 있어, 공자처럼 신분이 미천한 자가 그 속에 끼어들기란 쉬운 일이 아니었다. 게다가 공자는 '인'에 바탕을 둔 정치를 목표로 삼았는데, 이는 너무 이상적이어서 현실에서는 실현되기 어려웠다.

하지만 공자는 이러한 불우한 환경을 견뎌 내며 끝까지 이상이라는 깃발을 내걸고 꿋꿋이 살아갔다. '송백'을 빌어 표현한 이 말에서는 공자가 살면서 느낀 실제 감정이 스며 나오는 것처럼 느껴진다. 그리고 공자는 자기 제자들도 '송백처럼 되기를' 바랐다.

가만 보면 역경에 빠졌을 때 풀이 죽어 어깨를 축 늘어뜨리고, 힘없이 고개를 떨어뜨리며, 침울한 얼굴로 걸어가는 사람이 있다. 잘 나갈 때 의기양양했던 사람일수록 그 낙차가 큰 것 같다. 풀이 죽어 있으면 보는 사람도 힘들어지고 본인 또한 점점 침울해진다. 그리고 이렇게 되면 재기 다위는 바랄 수도 없다.

따라서 역경에 빠졌을 때일수록 당당하게 가슴을 펴고 길 한복판을 걸어가길 바란다. 이것이 바로 사내괘장부의 마음가짐이 아닐까!

23. 건강에도 신경을 썼다

**술은 즐겼으나 정해진 양은 없었다.
단 흐트러질 정도로 마시지는 않았다.**

酒無量, 不及亂(주무량, 불급란)
술의 양을 제한하지 않으나 흐트러지지 않는다.

「향당편(鄕黨篇)」

공자는 73세까지 살았고 살아 있는 내내 현역으로 뛰었다고 하는데, 73세라 해도 무려 이천오백 년 전이니 지금으로 치자면 적어도 100세는 넘지 않을까?

그는 어떻게 이처럼 장수할 수 있었을까? 첫째, 공자는 원래 건강한 체질이었고, 둘째, 식생활 등 건강에 상당히 신경을 썼기 때문이다.

그렇다면 그는 특히 어떤 점에 신경을 썼을까? 일단 식사에 관해서는 다음과 같았다.

"되도록 밥은 정백미를, 회는 잘게 썬 것을 먹었다. 밥이 쉬어 맛이 변하거나 생선이나 고기가 상해서 썩으면 입에 대지 않았고, 색이 변한 음식, 악취를 풍기는 음식도 먹지 않았다. 또 설익은 음식, 제철이 아닌 음식, 잘못 잘린 음식도 먹지 않았다. 고기가 아무리 많아도 밥보다 많이 뜨지 않았고, 고기에는 반드시 생강을 곁들여 먹었다. 그리고 식사량은 대체로 적었다."

약 복용은 어땠을까? 이에 관해서는 다음과 같은 일화가 있다.

어느 날 노나라의 중신이 "이것 한 번 드셔 보세요."라며 공자에게 약을 건넸다고 한다. 시대가 시대인 만큼 약초 종류가 아니었을까? 이에 공자는 감사히 받아 집에 돌아오나 "이 약은 내가 알지 못한다."며 복용하지 않았다고 한다.

상대방의 호의는 감사히 받지만 정체를 알 수 없는 것에는 손을 대지 않았던 것이다. 이 또한 공자의 신중한 생활태도가 고스란히 드러난 행동이라 할 수 있다.

그렇다면 술은 어떨까? 여기서 소개한 문장이 바로 술에 관한 대목이다.

아마도 이는 반주처럼 식사를 하면서 마시는 술에 관해

이야기한 대목일 것이다. 이때 공자는 "오늘 밤은 여기까지만!"과 같이 미리 양을 정해 놓고 술을 마시는 것이 아니라, 그때그때 기분에 따라 조금만 마시고 끝내는 경우가 있는가 하면 많이 마시는 경우도 있었다. 단 너무 많이 마셔 만취하는 일은 없었다고 한다.

공자의 인품이 그리워지는 좋은 음주습관이 아닌가!

24. 수상한 것에는 가까이 가지 마라

**살아 있는 인간조차 제대로 못 다루는데
귀신까지 생각하진 않아도 된다.**

未能事人, 焉能事鬼(미능사인, 언능사귀)
아직 사람 섬기는 것도 잘 못하는데 어찌 귀신을 섬기겠는가.

「선진편(先進篇)」

예의 의협심 강한 자로라는 제자가 어느 날 공자에게 "스승님, 귀신은 어떤 태도로 섬기면 좋습니까?"라고 질문했다고 하는데, 그때 공자의 대답이 바로 이 문장이다.

'귀신'의 '귀'는 일본에서는 뿔 달린 '오니(鬼, 사람 모양을 한 상상의 괴물-역주)'를 뜻하는데, 중국에서는 죽은 자의 영혼을 의미한다. 그리고 '신'이란 원래 하늘에 계신 신을 의미한다. 따라서 '귀신'이라는 두 글자로 엄청난 마력을 감춘

제2장 논어 속 명언　97

신들이라는 의미가 된다. 공자는 이를 인간들이 알 수 없는 세계이자 수상한 존재로 간주했다.

공자의 관심은 오로지 인간에 있었다. 중요한 존재인 인간을 어떻게 이해하면 좋을까? 인간이 사는 이 사회를 어떻게 살아가면 좋을까? 살기 좋은 사회를 만들려면 어떻게 하는 게 좋을까? 일단 이런 것들에 관해 생각해 보자는 것이 공자의 기본적인 태도였다.

그렇다면 공자는 '귀신'의 존재를 부정했던 것일까? 아니, 그렇지 않다. 다만, 귀신과 같은 존재가 있을지도 모른다는 사실은 인정하면서도 인간세계와는 엄격히 구분하여 그 경계선을 넘어가는 데 신중했다.

또 공자는 '귀신'과 지내는 방법에 관해 이렇게도 이야기했다.

"敬鬼神而遠之(경귀신이원지)."

기꺼이 귀신에 경의를 표하지만 이쪽에서 굳이 다가가지는 않겠다는 뜻이니, 정말 공자는 상식 있는 위대한 사람이 아닌가!

하지만 공자가 살던 시절로부터 이천오백 년이나 지난 현대에도 영매나 신의 계시, 주술 등 수상한 것들이 만연하여 거기에 빠져드는 사람들이 끊이지 않는다. 공자가 살아 있었더라면 '이게 무슨 일인가!'라며 개탄할 것이 틀림없다.

참고로 나는 꼭 공자파라고는 할 수 없지만 귀신과 같은 것들을 경이원지(敬而遠之), 즉 공경하되 멀리해 왔다. 그렇다고 해서 내 방식을 남에게까지 강요할 생각은 없다. 남은 남이다! 나는 앞으로도 내식대로 살아갈 수 있기를 바랄 뿐이다.

25. 이것이 바람직한 인간상이다

**정직하고 성실하여 삐뚤어진 것을 싫어하고,
상대방의 말이나 표정을 읽어 내는 통찰력이 뛰어나며,
사려 깊고 겸손하게 행동한다.**

質直而好義, 察言而觀色, 慮以下人
(질직이호의, 찰언이관색, 려이하인)
정직하고 성실하여 의를 좋아하고, 남의 말을 잘 살피고
기색을 잘 관찰하여, 신중하게 사람을 대한다.

「안연편(顏淵篇)」

이는 공자의 머릿속에 있던 바람직한 인물상에 관해 이야기한 문장이다. 공자가 이 말을 건넨 자장(子張)이라는 제자는 공자보다 48살이나 젊은 데다 머리도 좋고 빨리 높은 지위에 앉고자 하는 세속적인 야심에 불타는 인물이었다. 따라서 이 문장에는 머리 좋은 젊은 제자를 타이르는 듯한 뉘앙스도 포함되어 있다. 하지만 그런 점을 감안한다 해도 이 문장이 공자가 이상으로 삼은 인간상에 관한 이야기임은 틀림없다.

첫 번째 '질직이호의(質直而好義)', 꾸밈이 없고 정직한 인품으로 항상 이치에 맞게 행동한다는 뜻이다.

또 공자는 "剛毅木訥, 近仁(강의목눌, 근인)"이라고도 이야기했는데, 이는 강한 한 가지 신념이 있고 꾸밈이 없는 인물은 인자(仁者)에 가깝다는 말이다. 공자는 이러한 인물을 좋아했다.

여기서 두 번째 언급한 '찰언이관색(察言而觀色)'에 주목하고자 한다. 이는 상대방의 말과 표정을 실마리 삼아 상대방이 무슨 생각을 하고 있는지, 어느 정도의 인물인지를 관찰한다는 뜻이다. 왜 공자는 굳이 이런 문장을 덧붙였을까? 여기서 우리는 이 말을 한 상대가 젊은 제자였다는 점에 주목할 필요가 있다. 사람을 보는 통찰력은 인간관계에 시달리고 사회 속에서 고생을 해 봐야 갈고닦이는데, 젊은 자장에게는 이런 점이 부족했다. 공자는 그런 자장에게 "이론만 따지지 말고 우선은 고생을 하라."고 이야기하고 싶었던 거 아닐까?

세 번째는 '려이하인(慮以下人)'이다. 무슨 일이든 깊이 생각하여 신중하게 대처하고, 사람을 무시하는 듯한 언동은 하지 않는다는 뜻이다.

    자장은 적극적인 성격이었던 반면 신중함은 부족했던 것 같다. 또 어설픈 수재였던 탓에 주위 사람을 무시하는 듯한 태도도 있었던 것 같다. 따라서 이 대목 또한 그러한 자장을 의식해서 한 말이 아닐까.

    위의 세 항목 모두 고생해 본 사람만이 할 수 있는 충고로, 많은 사람들에게 해당하는 이야기가 아니겠는가!

26. 일단 자신을 바로잡아라

남 위에 서는 자가 스스로 자세를 바로잡으면
명령하지 않아도 따라 준다. 반면 자기 자세가
올바르지 않으면 아무리 명령해도 따라 주지 않는다.
其身正, 不令而行. 其身不正, 雖令不從
(기신정, 불령이행. 기신부정, 수령부종)
자기 몸이 바르면 명령하지 않아도 잘 행한다.
자기 몸이 바르지 않으면 명령해도 따르지 않는다.

「자로편(子路篇)」

    이는 남 위에 서는 자가 우선 자신을 바로잡지 않으면 리더로서의 설득력이 없다는 말이다.

    예전에 일본의 선인들에게는 많든 적든 이러한 자각이 있었기에 그들의 언동에서 그 나름의 미학을 느낄 수 있었다. 게다가 일부의 저명한 리더뿐 아니라 지방의 이름 없는 리더

중에도 이러한 인물이 많았다. 그런데 최근에는 각계각층을 통틀어 봐도 이러한 리더가 부쩍 줄어들었다. 그 원인은 어디에 있는 것일까? 이는 아마도 현대의 리더들이 선인들이 지니고 있던 고전적 소양을 잃어버리고 말았다는 점과 크게 연관되어 있지 않을까 싶다.

그렇다면 선인들은 어디서 이러한 것들을 배웠을까?

에도시대(江戶, 1603년부터 1867년까지의 봉건시대-역주) 후반에 들어서자 대부분의 번(藩, 에도시대에 다이묘(大名)가 지배했던 영지, 인민, 통치 기구의 총칭-역주)이 심각한 재정난에 빠져 이를 재건하는 일이 긴급한 과제로 떠올랐다. 따라서 인재 양성이 급선무라 하여 모든 번이 앞다투어 돈을 걸었고, 그 돈으로 번교(藩校, 에도시대에 각 번이 무사 자제들의 교육을 위해 세운 학교-역주)를 세워 인재 육성에 나섰다. 그럼 번교에서는 무엇을 가르치고, 무엇을 배웠을까? 단 하나의 예외도 없이 전부 공자를 시조로 한 유학(유교)을 가르쳤다.

또 당시에는 각지에 사설교육기관이 설치되었는데, 오사카의 데키주쿠(適塾, 한학자, 의사로 알려진 오가타 고안(緒方洪庵)이 에도시대 후기에 오사카 센바에 연 난학(蘭學) 사설교육기관-역주) 등 몇몇 예외를 제외하면 그 중심교과는 역시 유학이었다.

유학은 '수기치인(修己治人, 자신을 수양하여 남을 다스린다)'의 학으로 '우선 자신을 바로잡아라.'라는 가르침이 그 속에서 강하게 요구되었음이 틀림없다. 선인들 속에 뿌리를 내린 이 가르침은 일본인의 좋은 전통으로 메이지(明治, 1812년부터 1912년까지의 일본의 연호-역주)부터 쇼와에 이르기까지 계승되어 왔는데, 헤이세이(平成, 현재의 일본 연호-역주)에 들어서면서부터 이 전통이 끊어지려 하고 있다.

요즘 설득력이 없는 리더들이 세력을 떨치그 있는 것은 이러한 사실과 무관하지 않다.

바라건대 현대의 리더들도 '우선 자신을 바로잡아라.'라는 가르침에 귀를 기울여 주었으면 좋겠다.

27. 서두르면 안 된다

서두르면 안 된다.
눈앞의 작은 이익에 현혹되어서는 안 된다.

無欲速. 無見小利(무욕속. 무견소리)
빨리 하고자 하지 마라. 작은 이익을 보지 마라.

「자로편(子路篇)」

공자에게는 자하(子夏)라는 제자가 있었는데, 그는 공자보다 44살이나 어렸지만 학문적으로 뛰어나 자장과 함께 젊은 기대주로 평가받았다.

그런데 그 자하가 젊었을 때 한 마을의 촌장으로 임명되었다. 실무경험이 별로 없는 자하 입장에서는 아마도 불안감을 느꼈음이 틀림없다. 이에 공자에게 정치가로서의 마음가짐에 관한 질문을 하자 공자가 여기 나오는 두 가지 충고를 했다.

첫째, '무욕속(無慾速)'이다. 이는 침착하고 차분하게 일에 임하라는 뜻일 것이다.

여기서 『손자』의 명언이 바로 떠오른다.

"兵聞拙速, 未睹巧之久也(병문졸속, 미도교지구야)."

단기결전으로 성공한 예는 들었어도 장기전으로 끌고 가 성공한 예는 모른다는 뜻이다.

분명 전쟁은 그렇다. 하지만 정치는 이 부분에서 전쟁과 근본적으로 다르다. 공자는 정치엔 10년, 20년 앞을 내다보고 대처하는 장기적인 시야가 필요하다고 이야기했다. 그렇기에 그는 젊은 자하에게 "공적을 올리려고 안달하지 마라. 정치에 졸속은 금물이다."라고 경고한 것이다.

둘째, '무견소리(無見小利)'다. 작은 이익에 눈이 가면 정작 중요한 목표를 놓치고 마니, 작은 성과에 만족하지 말고 항상 균형 잡힌 대국적인 판단으로 일에 임하라는 뜻일 것이다.

그리고 공자는 이 두 가지를 언급한 후 다음과 같이 다짐했다.

"欲速則不達, 見小利則大事不成(욕속즉부달, 견소리즉대사불성)."

이는 서두르면 숨이 차고, 작은 이익에 현혹되면 큰일을 달성할 수 없다는 뜻이다.

'무욕속', '무견소리', 공자의 이 두 가지 충고는 정치뿐 아니라 경영이나 일, 나아가 인생을 살아가는 데도 들어맞지 않을까? 장기적인 시야와 대국적인 판단에 입각하여 확실히 성과를 거두어 나가길 바란다.

28. '사무라이'가 필요하다

모두 소인배뿐이다. 이야기할 가치도 없다.
噫, 斗筲之人, 何足算也(희, 두소지인, 하족산야)
슬프다, 말이나 되 같은 사람을 어찌 헤아릴 수 있으랴!
「자로편(子路篇)」

자공(子貢)이라는 제자가 공자에게 '사(士)'의 조건에 관해 질문했다고 한다. '사'란 지도자적 입장에 있는 인물을 뜻하는데, 이에 공자는 다음과 같이 대답했다.

"行己有恥, 使於四方, 不辱君命(행기유치, 사어사방, 불욕군명)."

이는 양심에 부끄러울 만한 행동은 하지 않고, 여러 외국에 사신으로 나가 군명을 완수하고 올 수 있다면 '사'로서 합격이라는 뜻이다.

여기서 '행기유치(行己有恥)'는 인격상의 요건을, 그리고 '사어사방(使於四方), 불욕군명(不辱君命)'은 지금으로 치자면 국민의 요구에 부응할 수 있는 외교협상을 의미하는데, 이를 위해 협상능력이나 정치적 수완이 필요하다는 것은 두말할 나위도 없다.

즉 인격적으로도 뛰어나고 정치수완도 탁월하다면 '사'로서 나무랄 데 없다는 말이다.

한편 자공은 연이어 두세 가지 질문을 한 후 마지막으로 이렇게 물었다.

"그렇다면 스승님, 지금의 정치가들에 관해서는 어떻게 생각하십니까?"

이 질문에 대한 대답이 바로 여기서 소개한 문장이다. 이때 '두(斗)'와 '소(筲)'는 모두 쌀을 담는 작은 그릇을 의미한다. 따라서 '소인배뿐이라 이야기할 가치가 없다.'는 뜻이다.

정치가라는 직업은 그때 당시부터 이런 평가를 받았던 것 같다. 그렇기에 공자의 한탄은 현대를 사는 우리의 한탄이기도 하다.

한편 '두소지인(斗筲之人)'에 대해서는 분명 여러 관점이 있겠지만, 나는 그중에서도 특히 다음 두 가지 타입의 정치가를 '두소지인'이라 느낀다.

첫째, 이 나라를 어떻게 할 것인가에 관한 경륜(국가를 다스리는 수완)이 없는 사람, 둘째, '공(公)'보다는 '사(私)'가 우선인 사람이다. 이 둘 모두 정치가로서 치명적이지 않을까?

그리고 공자는 '사(士)'에 대해 이렇게도 말했다.

"士而懷居, 不足以爲士矣(사이회거, 부족이위사의)."

안락한 생활을 바라게 된다면 '사(士)'로서의 자격이 부족하다는 뜻이다.

다른 것은 차치하더라도 최소한 '사어사방(使於四方), 불욕군명(不辱君命)'과 같은 수준의 정치가만큼은 나타나 주기를 바라 마지않는다.

29. 화이부동(和而不同)

**군자는 협조성이 뛰어나지만 부화뇌동하지 않는다.
소인은 부화뇌동하지만 협조성이 부족하다.**

君子和而不同, 小人同而不和(군자화이부동, 소인동이불화)
군자는 서로 조화를 이루나 같아지지 않고,
소인은 같아지나 조화를 이루지 못한다.

「자로편(子路篇)」

'화(和)'란 자신의 정체성을 확립한 후 주위 사람과 사이 좋게 지내는 것을 의미하고 '동(同)'이란 자신의 정체성도 없이 그저 부화뇌동하는 것을 의미하는데, 군자는 '화'는 하지만 '동'은 하지 않는 반면 소인은 그 반대라는 뜻이다.

따라서 '화'와 '동'은 군자와 소인의 차이점 중 하나일 듯하다.

생각건대 일본은 오래전 쇼토쿠 태자 시절부터 '以和爲 貴(이화위귀, 무슨 일이든 모두 사이좋게 하고 다툼이 일어나지 않 게 하는 것이 좋다-역주)'라 하여 '화'를 중시해 온 나라다. '힘 든 일도 모두가 힘을 합쳐 어떻게든 해내자!', 이것이 바로 일 본식이자 일본인의 큰 장점인 것이다.

일본이 20세기라는 격동의 시대에서 살아남아 오늘날과 같은 경제대국을 구축할 수 있었던 이유는 무엇일까? 한두 명 의 리더가 훌륭해서가 아니다. 이는 모두가 '영차, 영차' 힘을 합해 일본이라는 가마를 메고 열심히 노력한 결과물이다.

그런데 최근 일본인들의 특기였던 '화'의 정신이 일본 사회 속에서 급속히 사라지고 있다. 기업사회에서도 미국식 기법을 성급하게 도입한 탓인지 예전과 같은 결속력은 현저 하게 사라지고 말았다. 이래서는 활력이 떨어지는 것도 당연 한 일인지 모른다.

그뿐만이 아니다. 원래 일본식 '화'는 '동'이 되기 쉬운 면을 내포하고 있었다. 일본인 개개인은 어딘지 모르게 약하 다. 그런데 이러한 일본인들에게 '화'가 사라져 버리니 약한 개개인이 그대로 사회의 거센 파도에 휩쓸리게 되었고, 그 결 과 불안감만 높아지는 것도 당연하다.

그렇다면 어떻게 하는 것이 좋을까? 처방전은 두 가지다.

하나는 '화'의 정신을 복권시키는 것이다. '화'는 선인들이 남겨준 훌륭한 유산이다. 만약 이것을 버린다면 일본인다움마저 잃어버리고 말 것이다.

그리고 또 하나는 한 사람 한 사람의 개인이 더 강해지는 것이다. 강한 개인이 모여 결속력이 생긴다면 범에 날개를 단 격이 되지 않을까?

공자가 말하는 '화이부동(和而不同)' 또한 이를 지향했다는 점은 두말할 필요도 없다.

30. 겸손해라

군자는 자신감이 있으면서도 겸손하다.
소인은 거만하지만 자신감이 부족하다.

君子泰而不驕, 小人驕而不泰(군자태이불교, 소인교이불태)
군자는 태연하나 교만하지 않고, 소인은 교만하나 태연하지 않다.

「자로편(子路篇)」

이 또한 군자와 소인의 차이점에 관해 언급한 문장이다.

'인간이여 겸손하라.', '특히 남 위에 서는 자는 겸손하라.'는 말은 원래 오래전부터 있었던 진부한 말이기는 하지만, 공자도 덕을 구성하는 중요한 요소 중 하나로 이를 중시했다.

그렇다면 겸손은 왜 바람직한 것일까? 겸손에는 어떤 효과가 있을까? 반면 겸손의 반대인 교만은 왜 나쁜 것일까? 이를 알 수 있다면 자연스럽게 겸손함의 장점을 이해할 수 있을

지도 모른다.

　인간을 교만하게 만드는 요소는 높은 지위, 능력이나 공적, 자산, 집안, 용모 등 많고 많은데, 이를 내세우며 주위 사람을 깔본다면 반드시 반발을 사고 만다. 물론 상승세를 타고 있을 때는 그 기세로 주위 사람의 반발을 막을 수 있다. 하지만 한번 추락하기 시작하면 그 순간 반발이 표면으로 뿜어져 나와 여러 사람에게 발목을 잡히는 지경에 이르게 된다. 실제로 이렇게 자멸한 사례가 얼마나 많던가!

　교만이 안 좋은 또 한 가지 이유는 좁은 세상에서 교만하게 굴면 우물 안 개구리 신세가 되어 자기 앞길을 막게 된다는 점이다. 이렇게 되면 시야도 좁아지고 인간으로서의 발전도 기대할 수 없게 된다.

　이처럼 교만에는 두 가지 마이너스 효과가 있기에 예로부터 '인간이여 겸손하라.'며 교만을 경계해 온 것이다.

　일본인 중에는 선인들의 가르침을 잘 지켜온 덕인지 겸손한 인품의 사람이 많다. 이 역시 일본 특유의 미풍이라 해도 좋지 않을까?

　단 겸손에는 한 가지 유의해야 할 점이 있다. 다름이 아니라 겸손은 분명 미덕이기는 하지만 너무 지나치면 쓸데없이 굽실거리며 비굴해진다는 점이다. 일본인에게는 이러한 일면이 없지만은 않다.

특히 리더는 겸손하면서도 의연했으면 좋겠다. 공자의 말을 빌리자면 '자신감이 있으면서 겸손한', 이 정도 수준을 지향해 주길 바란다.

31. 남을 원망해서는 안 된다

**가난해도 남을 원망하지 않기는 어렵지만,
부자가 된 후에도 남을 깔보지 않기는
그래도 쉬운 편이다.**

貧而無怨難, 富而無驕易 (빈이무원난, 부이무교이)
가난하면서 원망이 없기는 어렵고,
부유하면서 교만하지 않기는 쉽다.

「헌문편(憲問篇)」

부자가 되면 자기도 모르게 남을 깔보고 싶어지는 것이 사람 마음이다. 그렇기에 부자가 된 후에도 남을 깔보지 않는다면 이는 인간으로서 상당한 수준에 달했다고 할 수 있다. 하지만 공자의 말에 따르면 이는 그래도 쉬운 편이고, 가난해도 남을 원망하지 않기가 더 어렵다고 한다. 태어날 때부터 좋은 환경에서 시작하여 좋은 코스를 밟아 온 사람들은 이를 이해할 수 없을지도 모른다.

몇 번이나 말했듯 공자라는 인물은 어렸을 대부터 고생이란 고생은 다 하면서 자랐다. 사회에 진출했을 때도 남에게는 말 못할 정도로 힘든 일 역시 있었을 터이다. 아니 어쩌면 공자 같은 사람도 때로는 '왜 나만!'과 같은 남을 원망하고 싶은 기분이 든 적도 있었을지 모른다. 이 문장에서는 그런 인생을 살아온 공자의 실제 감정이 스며 나오는 것만 같다.

하지만 공자는 이러한 생각을 가볍게 뛰어넘어 마침내 "不怨天, 不尤人(불원천, 불우인)", 즉 하늘을 원망하지 않고 다른 사람을 책망하지 않는 경지에까지 이르렀다.

생각건대 어느 시대에나 가난은 있다. 하지만 가난도 정도 나름이다. 먹지도 마시지도 못하는 상태까지 전락한다면 겨우겨우 살아가는 게 고작이어서 옴짝달싹도 못 하게 되는데, 이는 힘든 일이다. 하지만 더 힘든 것은 '끝없이 계속되는 수렁'에 빠져, 쉽게 밝은 전망을 세울 수 없을 때다.

그럼 이럴 때는 어떻게 대처하면 좋을까?

이 또한 운명이라 받아들이고 '가난 또한 즐겁다.'고 마음먹을 수만 있다면 이것이 가장 바람직할 듯하다. 하지만 이는 달인의 경지로 우리 같은 범인에게는 이를 기대한다 해도 무리다.

반면 보답 받지 못할 원망을 세상에 터뜨리거나 될 대로 되라는 심정으로 나쁜 일에 손을 대는 사람도 있다. 하지만 이는 아무리 생각해도 성실한 삶의 방식이라고는 할 수 없다.

그렇다면 아무리 힘들고 괴로워도 자신을 믿고 착실히 길을 개척해 나가는 삶의 방식이 정답이지 않을까!

32. 인간의 길을 벗어나지 마라

**이익을 추구할 때에는 인간으로서의 길을
벗어나지 않길 바란다.**

見利思義(견리사의)
이익을 보면 먼저 의로움을 생각한다.

「헌문편(憲問篇)」

공자도 이익 추구를 부정하지는 않았다. 그것까지 부정한다면 사회 자체가 성립될 수 없다. 하지만 너나 할 것 없이 모두 자기 이익을 추구하여 움직인다면 이 또한 사회에 대혼란을 야기한다. 이에 공자는 '의(義)'로써 제동을 걸었다.

'의'란 바르다는 의미인데, 좀 더 구체적으로 설명하자면 '인간으로서 당연히 지켜야 할 바른길'이라는 뜻이다. 즉 인간이 마음속에 가져야 할 윤리규범 같은 것이라 이해해 준다면 대강 맞을 듯하다.

현대의 기업경영을 생각해 보자. 기업은 지혜를 짜내어 이익을 내고 이를 통해 사회에 공헌해 나가야 한다. 만약 제대로 된 이익을 내지 못한다면 기업 자체가 성립되지 못한다. 그럼 이익을 위해서라면 무슨 짓을 해도 다 용서가 될까? 절대 그렇지 않다. 여기에는 자연스럽게 해도 되는 일과 해서는 안 되는 일의 기준이 생기는데, 그 기준이 바로 '의'다.

단 '의'를 벗어났다고 해서 법률로 처벌할 수는 없다. 이것이 '법'과 '의'의 차이점이다. 하지만 '의'를 벗어나면 "탐욕스러운 방법이다.", "더러운 수법을 쓴다." 등의 사회적 비난을 받는다.

또한, '법'은 이를 위반해도 죄를 다 갚으면 없던 일로 해 준다. 하지만 '의'의 길을 벗어나면 어중간하게 법률로 처벌받지는 않지만, 먼 훗날까지 후유증이 남아 마치 보디 블로(bcdy blow, 복싱에서 상대편의 배와 가슴을 치는 것을 의미하는데, 조금씩 영향이 나타나 좋지 않은 상황이 되는 것을 비유하는 데 쓰인다-역주)처럼 서서히 그 충격이 다가온다. 생각하기 따라서는 어쩌면 이것이 더 무서울지도 모른다.

최근 기업사회에 법률위반은 말할 것도 없고 불미스러운 일이 끊이지 않고 있는데, 힘들고 괴로워도 정해진 규칙은 지켜야 한다.

하지만 그 전에 여기서 나온 '의'에 유의하길 바란다. '이 정도는 괜찮겠지.'라며 '의'의 길에서 벗어나다 보면 그것이 쌓이고 쌓여 마침내 법률위반으로까지 발전한다. 따라서 일단은 '의'로써 제동을 걸어 주길 바란다.
이를 위해서는 사장이 먼저 이 점을 자각하여 평소에 전 사원에게 철저하게 주지시켜 나가야 한다.

33. 악의에 어떻게 보답할 것인가

**상대방의 악의에는 도리로 보답하고,
선의에는 선의로 보답하는 것이 좋다.**

以直報怨, 以德報德(이직보원, 이덕보덕)
원한은 곧음으로 갚고, 덕은 덕으로 갚는다.

「헌문편(憲問篇)」

어떤 사람이 공자에게 "'以德報怨(이덕보원, 덕으로 원한을 갚는다)'이라는 말이 있는데, 이에 관해 어떻게 생각하십니까?"라고 질문했다고 한다.

'이덕보원'이라는 말은 『노자(老子)』에도 "報怨以德(보원이덕)"이라는 표현으로 등장하는데, 말은 조금 다르지만 그 의미하는 바는 같다. 아무래도 그 당시 속담처럼 사용되던 말이었던 것 같다. 참고로 이 경우 '덕(德)'이란 선의, '원(怨)'이란 악의를 뜻한다.

이 질문에 공자는 "그럼 선의에는 무엇으로 보답하는가?"라고 의문을 제기한 후 여기에 소개한 문장으로 대답했다. 즉 상대방의 악의에는 '직(直)'으로 보답하라는 뜻이다.

'직'이란 올바르고 도리에 맞는다는 의미다. 상대방의 악의가 도리에 맞지 않는다면 제대로 반론을 하고, 경우에 따라서는 반격도 불사한다. 반대로 상대방의 악의에 그 나름의 이유가 있다고 인정된다면 성의껏 대응하고, 경우에 따라서는 금전적인 보상도 마다치 않는다는 뜻일 것이다.

이상주의자이면서 현실주의자이기도 했던 공자는 이상이라는 깃발을 내걸고 열심히 노력하는 한편 현실에 드리워진 어려움을 배려하는 것 또한 잊지 않았다.

그러한 공자 입장에서 봤을 때 '악의에도 선의로 보답하라.'는 가르침은 너무 안이해서 현실에 대응하지 못할 것처럼 느껴졌을지도 모른다. 단 '법에 비추어 엄벌에 처하라.'고 말하지 않았다는 점이 공자가 공자다운 이유이기도 하다.

여기서 소개한 공자의 말은 매우 상식적이다. 그렇기에

지금도 참고가 되는 것이 아닐까?

경쟁 무대에 몸을 맡기고 있자면 생각지도 못한 악의에 부딪힐 때가 있다. 이때 가장 피해야 할 것은 이쪽까지 감정적이 되는 것이다. 따라서 가능한 한 냉정하게 받아들이고 오해가 있다면 오해를 풀어 나중까지 앙금이 남지 않게 대처하길 바란다.

34. 곤란에 처해도 흐트러지지 마라

군자도 곤란할 때는 있다.
그런데 소인은 곤란해지면 흐트러진다.
군자와 소인은 이 점이 다르다.
君子固窮. 小人窮斯濫矣(군자고궁. 소인궁사람의)
군자도 곤궁할 때가 있다. 소인은 곤궁해지면 함부로 행동한다.
「위령공편(衛靈公篇)」

이 또한 군자와 소인의 차이에 관해 언급한 대목이다.

공자 일행은 공자 만년에 여러 나라를 유세하며 돌아다니던 중 진(陳)나라와 채(蔡)나라의 국경 근처에서 군사들에게 포위되어 출국을 거부당하는 일을 겪었다. 공자 일행은 앞으로도 나아가지 못하고 뒤로도 물러날 수 없어 벌판 한가운데서 이러지도 저러지도 못한 채 비참한 죽음을 맞이할 수밖에 없는 상황에 빠졌다. 이는 '진채지액(陳蔡之厄, 진나라와 채나라 사이에서 당한 봉변-역주)'이라 하여 공자 생애 중 최대 위기라고 일컬어진다.

이때 혈기왕성한 자로라는 제자가 불만을 억누르지 못한 채 "군자도 곤란할 때가 있는 겁니까?"라며 덤벼들었다고 한다.
'평소 스승님은 '군자는 이래야 한다' 같은 훌륭한 말씀만 입에 담으시더니, 지금 이 상황은 대체 어떻게 된 거지?' 자로 입장에서는 이런 기분이었음에 틀림없다.

이에 대한 공자의 답변이 바로 여기서 소개한 문장이다.
공자는 같은 곤란에 처해도 군자는 당황하지 않고, 침착하게, 담담히 대처하는 반면, 소인은 당황하여 허둥대다 말도 안 되는 일을 저지르는데, 이 차이가 크다고 이야기했다. 과연! 그럴지도 모른다.

모든 사람의 인생에는 쫓기거나 한계에 부딪혀 곤란할 때가 있는데, 이럴 때 어떻게 대처하면 좋을까? 바로 이때 공자의 이 문장이 참고가 될 터이다.
이렇게 곤란에 빠졌을 때 허둥대며 이리 뛰고 저리 뛰는 것이 가장 안 좋다. 이는 어떻게든 해 보려고 발버둥 치는 것인데, 이런 행동이 오히려 사태를 악화시키는 경우가 많다.

『역경(易經)』이라는 고전에 "窮卽變, 變卽通(궁즉변, 변즉통)"이라는 유명한 문장이 있다.

이는 상황이 막다른 상태에 빠지면 정세에 변화가 생기고 정세에 변화가 생기면 거기에서 새로운 길이 열린다는 뜻으로, 인간계든 자연계든 이러한 섭리를 피할 수 없음은 분명하다.

만약 그렇다면 취할 방도는 취하면서 바람의 움직임을 읽으며 차분히 정세가 변화되기를 기다려 보자.

35. 장기적인 전망이 필요하다

**먼 앞날에 대해서까지 대책을 세워두지 않으면
반드시 발밑에서부터 무너져 내린다.**

無遠慮, 必有近憂(무원려, 필유근우)
먼 앞날을 생각하지 않으면
반드시 가까운 시일에 걱정거리가 생긴다.

「위령공편(衛靈公篇)」

나를 포함한 일본인들은 근면한 타입이 많은 것 같다. 그래서 착실하고 부지런하게 일에 임하고 눈앞에 문제가 생기면 신속히 대응한다. 이러한 근면함이 일본의 경제성장은 물론 일본 사회를 뒷받침해 왔고, 이 또한 일본인의 큰 장점이라 할 수 있다.

하지만 일본인은 넓은 시야로 장기적인 전망을 세우는

데에는 서투른 것 같다. 그런데 장기적인 전망이 없으면 항상 주먹구구식으로 대처하여 무언가 문제가 생길 때마다 금세 휘둘리고 허둥대고 만다.

따라서 되도록 '일생지계(一生之計, 일생의 계획)'를 세우면 좋겠지만, 만약 그것이 어렵다면 적어도 30대에는 이렇게, 40대에는 이렇게 등 십 년 단위의 계획과 전망이라도 세우면 좋겠다. 그러면 눈앞의 사태에 당황하지 않고 항상 여유롭게 대처할 수 있을 것이다. 또 설령 계획을 달성하지 못하더라도 그만큼 시간을 알차게 보낼 수 있지 않을까?

그럼 나라의 정치는 어떨까?

굳이 '백년지대계(百年之大計)'까지는 바라지도 않는다. 하지만 적어도 20년 앞 정도는 내다보는 전략목표를 설정하고 이에 따라 작전계획을 다듬어야 한다. 이것이 바로 공자가 말하는 '원려(遠慮), 먼 장래를 생각하다'이다. '원려'가 없으면 항상 눈앞의 문제에 휘둘리다 체력이 다 소도되어 허망하게 침몰할 수도 있다.

그러고 보니 최근 일본의 이상한 행보가 떠오른다.

일본은 최근 수십 년 동안 특히 경제나 기술 면에서 미국으로부터 배워 어떻게든 미국을 좇아가는 것을 목표로 삼아

왔다. 정치나 외교, 군사 면에서는 미국에 모든 것을 맡겨 두면 그걸로 충분했다. 참 편하게 살아왔다고 할 수 있다.

그런데 다른 건 둘째 치더라도 경제 면에서는 어느새 일본이 선두집단에 진출하여 일본보다 앞서 달리는 주자가 사라지고 말았는데, 바로 이때부터 일본의 이상한 행보가 시작됐다고 말하는 사람도 있다.

그렇다면 지금 우리에게는 국가로서의 장기적인 목표 설정이 요구되고 있는 것은 아닐까? 만약 이를 설정하지 않으면 일본 침몰이 현실이 되어버릴 우려도 없지만은 않다.

36. 자신에게는 엄하게, 남에게는 관대하게

자신에 대해서는 엄하게 반성하고,
남에게는 관대한 태도로 대한다.
그렇게 하면 다른 사람의 원망을 살 일도 적어진다.
躬自厚, 而薄責於人, 則遠怨矣(궁자후, 이박책어인, 즉원원의)
자신은 엄하게, 남은 가볍게 책망한다면 원망 사는 일이 멀어진다.
「위령공편(衛靈公篇)」

다른 사람의 원망 살 일을 하면 상대방은 언제까지고 잊어버리지 않고 있다가 언제 어디선가 반드시 그 원망을 풀어버리려 한다. 중국인은 인간이 그런 존재라는 사실을 일찍이 깨달아 남의 원망을 사는 일에 강한 경계심을 품어 왔던 것 같다. 공자도 다분히 이 '원망' 문제가 신경 쓰였던 모양인지 『논어』에서 이를 세 번이나 언급했다.

첫 번째는 "放於利而行, 多怨(방어리이행, 다원)"(이인편)이다.

자기 이익을 우선시하면 다른 사람의 원망을 살 일이 많아진다는 뜻이다.

두 번째는 "伯夷叔齊不念舊惡, 怨是用希(백이숙제불념구악, 원시용희)"(공야장편)이다.

백이와 숙제는 다른 사람이 자신에게 한 일을 언제까지고 마음에 담아 두지 않았기에 남의 원망을 살 일이 거의 없었다는 뜻이다.

세 번째가 여기서 소개한 "躬自厚, 而薄責於人(궁자후, 이박책어인)"이라는 문장이다.

'괜찮아, 괜찮아.' 하면서 자신을 너그럽게 봐 주지 않고 자신이 져야 할 책임은 확실히 진다. 이것이 바로 '자신에게는 엄하게'이다. 반면 다른 사람에 대해서는 사소한 일로 눈꼬리 치켜뜨며 책망하지 않는다는 말이다. 사실 이는 인간관계의 대원칙이기도 하다.

그런데 요즘은 이것이 반대가 되어 '자신에게는 관대하게, 남에게는 엄하게' 하는 타입이 늘어난 것 같다. 이래서는 모든 인간관계가 잘 풀리지 않고 공자의 말을 빌리자면 남의 원망을 살 일도 많아진다.

자신이 누구에게 원망을 샀는지 알 수 있다면 그나마 대응할 여지가 있다. 하지만 원망이라는 것은 언제 어디서 누구에게 샀는지 알 수 없는 경우가 많아 호되게 보복을 당한 후에야 아뿔싸! 하고 깨닫지만 때는 이미 늦었다. 이렇게 한심한 일이 또 있을까.

일본인은 중국인과 달리 담백한 인품이긴 하지만, 개중에는 집요한 사람도 없지만은 않다. 평소 '자신에게는 엄하게, 남에게는 관대하게'의 자세를 마음속에 새겨 남의 원망을 사는 일 없이 살아가기를 바란다.

37. 평등한 사회를 지향해 나가길 바란다

**인구가 적은 것이 걱정이 아니라
부가 평등하게 배분되지 않는 것이 걱정이다.**

不患寡而患不均(불환과이환불균)
적음을 걱정하지 말고 고르지 못함을 걱정한다.

「계씨편(季氏篇)」

이는 공자가 정치 목표에 관해 이야기한 문장이다.

여기서 '과(寡)'란 원래 인구가 적다는 의미다. 아무리 영토가 광대해도 그곳에 사람들이 정착하여 밭을 경작하지 않는다면 나라를 풍족하게 만들 수 없다. 따라서 당시 위정자들에게는 인구 증대가 중요한 관심사였다.

하지만 공자의 말에 따르면 인구를 증가시키기 위해서는 제대로 된 정치를 펼쳐 사람들에게 안정된 생활을 보장해 주는 것이 선결과제라 한다. 그렇게 하면 다른 나라 사람들이 이주해 와 자연스럽게 인구가 늘어날 테니 말이다.

여기서 문제는 생산으로 쌓아 올린 부를 어떻게 배분할 것인가다. 한쪽에서는 터무니없을 정도로 많은 사치를 탐닉하는 사람이 있는가 하면, 다른 한쪽에서는 하루하루 생활조차 어려워 빈곤에 허덕이는 사람도 있다. 이래서는 빈말이라도 좋은 정치라 할 수 없기에 공자는 이를 해결하는 것이 정치의 최우선 과제라고 이야기했다.

이어서 공자는 "不患貧而患不安(불환빈이환불안)"이라고도 말했다. 즉 가난을 해결하는 것보다 사람들의 불안감을 없애 주는 것이 선결과제라는 뜻이다.

공자의 이런 말들은 정치적 이상에 관해 이야기한 것으로, 시대가 변해도 양식 있는 사람들의 입에 올랐다. 말을 한 당사자의 생각을 훨씬 뛰어넘어 후세에까지 영향을 미쳤다고 해도 과언이 아니다.

때마침 지금 일본에서도 고르지 못한 '격차'가 문제가 되고 있다. 한때 일본은 사회주의국가 이상으로 사회주의적이라 일컬어졌는데, 그런 일본에서도 최근 격차가 벌어지고 있다는 사실은 인정하지 않을 수 없다. 하지만 아직도 일본은 세계에서 가장 격차가 작은 나라라고 말하는 사람도 있어서 지금의 격차가 허용범위를 넘어섰는지 아닌지에 관해서는 논란의 여지가 클 듯하다.

하지만 이보다 더 큰 문제는 지금 일본사회에 퍼져 나가고 있는 불안감이다. 치안에 대한 불안감, 노후에 대한 불안감, 장래에 대한 불안감 등 이들 불안을 해소하여 안심하고 살 수 있는 나라로 만들어 주길 바란다.

38. 윗사람을 섬길 때 이렇게 하면 안 된다

**윗사람을 섬길 때 해서는 안 되는
세 가지 언동이 있다.**

侍於君子, 有三愆(시어군자, 유삼건)
군자를 모심에 세 가지 허물이 있다.

「계씨편(季氏篇)」

'장유지서(長幼之序, 연장자와 연소자의 사회적 지위의 순서-역주)'는 유교가 중시한 덕목 중 하나로, 공자도 이를 중요하게 여겼다.

공자에 따르면 윗사람을 섬길 때 해서는 안 되는 세 가지 언동이 있다고 하는데, 이는 바로 '조(躁)', '은(隱)', '고(瞽)'다.

이때 '조'란 시끄럽거나 경솔하다는 뜻으로, 상대가 아직 화제에 올리지도 않은 것까지 앞질러 이야기하는 것을 의미한다.

'은'이란 숨긴다는 뜻으로, 상대방이 의견을 물어도 얼버무리거나 대답하려 하지 않는 것을 의미한다.

'고'란 눈이 보이지 않는다는 뜻으로, 상대방의 표정이나 안색도 살피지 않은 채 떠들어대는 것을 의미한다.

과연! 이 세 가지 언동을 한다면 윗사람에게 미움받거나 기피당할 것임이 틀림없다. 정말 인생의 쓴맛 단맛을 다 본 사람만이 할 수 있는 충고가 아닌가!

참고로 공자는 윗사람을 어떻게 섬겼을까? 『논어』 속에 이에 관해 언급한 대목이 몇 가지 있다.

"마을 사람과 술잔을 기울일 때에는 지팡이를 짚은 노인이 돌아가기를 기다렸다가 비로소 자리를 떴다." 이는 연장자에게 공자 나름의 경의를 표한 것이다.

그리고 공자는 50대에 몇 년 동안 조정에 나가 일을 봤는데, 그때는 어땠을까?

"조정에서 정무를 볼 때는 똑 부러지게 자기 의견을 말했다. 단 그럴 때에도 태도는 역시 정중했다."

"말석에 앉은 중신들과 이야기할 때는 허물없는 태도로 그들을 대했고, 자신보다 계급이 높은 중신들을 대할 때에는 한 치의 머뭇거림도 없이 똑 부러지게 이야기했다. 군주가 납시면 공손하게 맞이했으나, 결코 부자연스럽게 자세가 굳거나 하지는 않았다."

이를 통해 예절 바르고 도리에 맞으면서도 자유롭게 행동하는 공자의 모습을 엿볼 수 있다. 이는 지금 조직에 몸담고 있는 사람에게도 참고가 될 만한 이야기가 아닌가!

특히 상관에게 무슨 말을 할 때는 똑 부러지게 이야기해야 하지만, 이때 '조', '은', '고', 이 세 가지 주의점 정도는 지키는 편이 좋을 듯하다.

39. 소질을 키워나가길 바란다

**타고난 소질에는 별반 차이가 없으나,
그 후의 습관 때문에 큰 차이가 생겨난다.**

性相近也, 習相遠也(성상근야, 습상원야)
본성은 서로 가까우나 습관은 멀다.

「양화편(陽貨篇)」

공자는 인간을 신뢰하고 그 가능성에 큰 기대를 걸었는데, 이 문장에는 이러한 공자의 인간관이 잘 드러나 있다.

하지만 현실주의자이기도 한 그는 바로 이어서 이렇게도 말했다. "唯上知與下愚不移(유상지여하우불이)", 다시 말해 가장 지능 높은 인간과 가장 지능 낮은 인간 사이에는 아무리 해도 넘을 수 없는 벽이 있다는 뜻이다.

여기서 '상지(上知)'란 월등히 뛰어난 소질을 타고난 사람이라는 뜻으로, 천재나 이능력자(異能力者, 다른 사람이 가지지 못한 능력을 가진 사람-역주)라 불리는 사람들이다. 단 그 수는 매우 적다. 반면 '하우(下愚)'란 아무리 갈고닦고 두드려 연마해도 이도 저도 안 되는 소질을 타고난 인물을 뜻한다. 이런 사람 또한 그 수는 적지만 엄연히 존재한다는 사실은 인정하지 않을 수 없다.

공자는 이러한 전제하에 나머지 압도적 다수의 인간은 그 후 노력 여하에 따라 소질을 꽃 피우고 훌륭한 인간이 될 수 있다고 이야기했으니, 이는 우리 같은 범인을 격려해 주는 듯한 말이 아닌가!

공자는 이를 위한 노력으로 '수기(修己)'를 중시했다. 수기는 '수신(修身)'이라 해도 좋다. 그런데 최근 일본에서는 수신이라는 말만 들어도 알레르기 반응을 보이거나 무턱대고 싫어하는 사람들이 있다. 물론 윗사람이 '이렇게 해라, 저렇게 해라!'라고 강요한다면 누구나 '수신'을 멀리하고 싶어질 것이다. 하지만 본래 수신이라 함은 다른 사람으로부터 강요받는 것이 아니라 스스로 자신을 갈고닦기 위한 자각적인 노력을 의미한다.

이를 위해 조금씩이라도 좋으니 꾸준히 노력한 사람과

제을리한 사람의 차이는 3년이나 5년 정도로는 크게 변하지 않지만, 10년, 20년이라는 장기적인 안목에서 보면 점점 그 차이가 벌어진다. 즉 '수기'를 위한 노력은 일생의 과제인 셈이다.

공자는 제자들에게 '수기를 위한 노력을 아끼지 마라', '힘쓰고 노력하라'고 끊임없이 꾸짖어 격려했다. 우리도 성실한 사회인을 지향해 나가려면 공자의 뒤를 따라 '수기'를 위해 힘쓰고 노력해야 할 터이다.

40. 천명을 자각하다

**천명을 자각하지 못하는 인간은
군자로서의 자격이 결여된 것이다.**

不知命, 無以爲君子也(부지명, 무이위군자야)
천명을 알지 못하면 군자가 될 수 없다.

「요왈편(堯曰篇)」

여기서 '명(命)'이란 천명, 즉 하늘의 의지란 뜻인데, 공자는 이를 자각할 수 있느냐 없느냐 또한 군자의 조건이라고 이야기했다.

그리고 공자 스스로 자기 생애를 뒤돌아보며

"四十不惑, 五十知天命(사십불혹, 오십지천명)."

이라 말했다.

이는 마흔 살 때 자신이 나아가야 할 길에 대한 확신이 섰고, 쉰 살 때 천명을 자각할 수 있었다는 뜻이다.

그렇다면 '천명을 자각한다'에는 어떤 의미가 있을까? 여기에는 두 가지 측면이 있다.

하나는 사명감이나 천직의식으로 이어지는 적극적인 측면이다. 즉 하늘로부터 '너는 이 일을 해 줘.', '이 정도는 해 줬으면 좋겠어.'라고 명령을 받았다는 것이다. 이를 자각할 수 있다면 좋든 싫든 강한 의지력으로 일에 임하게 되고, 또 이를 달성한다면 '사내대장부로서의 포부'로도 이어진다.

단 이는 '선택받은 자'에게만 허락되는 생각으로, 일반적으로는 그다지 많지 않을 듯하다.

또 하나는 운명론이나 숙명론으로 이어지는 소극적인 측면이다. 즉 우리 인생에는 아무리 노력하고 발버둥 쳐도 어쩔 수 없는 부분이 있는데, 바로 여기에 인간의 힘을 초월한 하늘의 의지가 작용한다고 인정하는 것이다. 인간은 역경에 처했을 때, 그중에서도 죽음에 직면했을 때 이를 깨닫게 되는 경우가 많다.

이때 천명을 자각할 수 있다면 '이 또한 하늘의 뜻인가!'

라며 담담한 심경으로 받아들일 수 있어 쓸데없이 발버둥 치지 않아도 된다고 한다.

아무래도 공자가 여기서 말한 '명(命)'에는 이 두 가지 의미가 다 포함되어 있을 듯하다. 만약 그렇다면 우선 전력을 다해 주어진 책임을 완수하고, 가령 결과가 뒤따르지 않더라도 달게 받아들이는 삶의 방식이 가능해질지도 모른다.

만약 그렇게만 된다면 자기 인생에 그다지 후회가 남지 않게 되지 않을까!

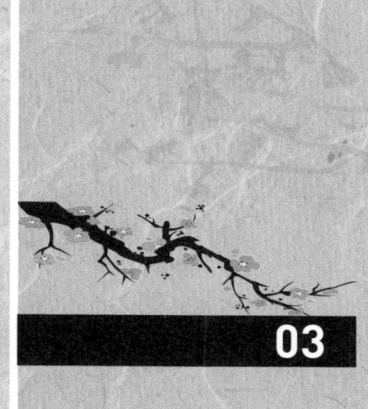

한비자 속 명언

한비자의 생애

○ 한비자(?~B.C.233년)

성은 한(韓), 이름은 비(非)로, '한비자'는 존칭이자 책 제목이기도 하다.

기원전 3세기 초쯤 한나라에서 태어난 한비자는 서출이라고는 하나 공자(왕자)였다고 하니 신분은 높았다.

그는 젊은 시절 순자 문하에서 가르침을 받았는데, 순자는 공자의 가르침을 계승하면서 성악설을 주창하여 정통파인 유가(공자의 가르침을 계승한 사람들)로부터 이단자로 간주되어 온 사상가다. 훗날 시황제 아래에서 승상(丞相, 재상)을 지낸 이사(李斯)가 이 시절 한비자의 동문이다.

학문을 마치고 귀국한 한비자는 순자를 비롯한 법가(법의 확립이 급선무라고 주장한 사람들)의 선배들이나 '노자'의 학설을 받아들여 '법'과 '술'로 구성된 독특한 통치이론을 완성하고 오로지 저술활동으로 세상의 평가를 받으려 했다.

참고로 한비자는 태어날 때부터 심한 말더듬이로 언변이 약했다고 한다.

결국 한비자의 이론은 자국 한나라에는 도입되지 못했다. 하지만 의외의 곳에서 이에 공감하는 자가 나타나는데, 바로 훗날 시황제가 되는 진왕(秦王) 정(政)이다. 한비자의 저술을 읽고 매우 감동 받은 정은 직접 가르침을 받고자 방책을 마련하여 그를 진으로 불러들였다.

하지만 이 일이 한비자의 운명을 나쁜 쪽으로 이끌고 말았다. 그는 당시 정을 섬기던 이사의 책동으로 감옥에 갇히는 신세가 되었고, 이에 절망한 나머지 독약을 마시고 자살했다고 한다.

하지만 훗날 진왕 정이 천하를 통일했을 때 천하 통치의 이론적 지주로 삼은 것이 바로 이 불운한 사상가, 한비자의 주장이다.

1. 권한을 손에서 놓지 마라

뛰어난 군주는 두 개의 자루만으로도 신하를 제압한다.

明主之所導制其臣者, 二柄而已矣
(명주지소도제기신자, 이병이이의)
명군이 그 신하를 지도하고 통제하는 데 쓰는 것은
두 개의 자루뿐이다.

「이병편(二柄篇)」

'명주(明主)'란 명군을 뜻한다. 단 여기서 말하는 '명주'는 극으로 백성을 아끼고 사랑하는 일반적인 이미지 속 명군이 아니라, 한비자의 기법을 구사하여 조직을 제압하는 군주를 의미한다.

한비자에 따르면 신하라는 존재는 원래 믿을 수 없다고 한다. 신하란 무슨 일을 꾸미고 있는지 알 수 없고 언제 배신할지 몰라 단 한순간도 마음을 놓을 수 없는 상대라는 것이다. 그렇다면 군주가 이러한 신하들을 꼼짝 못하게 하여 자기 뜻대로 움직이게 하려면 어떻게 하는 것이 좋을까?

공자를 비롯하여 그 가르침을 계승한 유가의 면면들은 군주되는 자가 우선 덕을 익혀 이를 신하에게 전파한다면 자연스럽게 좋은 방향으로 감화되어 갈 것이라고 주장하는데, 이에 한비자는 '그건 너무 안이하다.'며 반론한다. 그런 뜨뜻미지근한 방법으로는 속 시키면 신하에게 휘둘려 오히려 그들 뜻대로 이용당하고, 그 결과 자신을 파멸로 이끌 수도 있다는 것이다.

그렇다면 군주가 신하의 책동을 봉쇄하고 자기 뜻대로 움직이게 하려면 어떻게 해야 좋을까? 그러려견 '이병(二柄)', 즉 두 개의 자루를 꽉 잡고 절대 손에서 놓지 않아야 한다고 하는데, 여기서 말하는 '두 개의 자루'란 무엇일까? 이는 상을 주고 벌을 내리는 권한이다. 이에 관해 한비자는 이렇게 말했다.

"무릇 신하라는 자들은 보통 벌을 두려워하고 상을 좋아한다. 그렇기에 군주가 상과 벌, 두 가지 권한을 꽉 잡고 있으면 신하들을 벌벌 떨게 하거나 길들여서 자기 생각대로 조종할 수 있다. 그런데 만약 군주가 상벌 권한을 신하에게 빌려

준다면 어떻게 될까? 온 나라 백성들이 그 신하는 두려워하지만 군주는 무시하게 되고, 끝내는 신하에게 복종하고 군주는 저버릴 것이다. 상벌의 권한을 손에서 내려놓으면 이런 결과가 나올 수밖에 없다."

한발 더 나아가 한비자는 이렇게도 못 박았다.

"살해당하거나 실권을 잃은 군주들은 상벌 권한을 모두 신하에게 빼앗긴 군주들이었다. 그런 상태에서 파멸하지 않은 군주는 예로부터 지금까지 단 한 사람도 없었다."

어느 시대든 이러한 일면이 있다는 사실을 냉정하게 받아들이는 편이 좋을 듯하다.

2. 조직 내부에도 싸움이 있다

군주와 신하는 하루에도 백 번이나 싸운다.

上下, 一日百戰(상하, 일일백전)

위아래가 하루에 백 번 싸운다.

「양권편(揚權篇)」

여기서 '상하(上下)'란 현대식으로 말하자면 사장과 사원을 뜻하는데, 이들이 같은 조직 내에서 하루에도 백 번이나 싸운다고 하니 조용할 날이 없을 것이다. 도대체 무슨 일일까?

한비자에 따르면 군주와 신하, 즉 부리는 자와 부림을 당하는 자는 근본적으로 이해관계가 다르다고 한다. 군주는 많은 신하를 잘 다뤄야 하는 입장에 있다. 하지만 그 신하라는 자들은 반드시 군주의 기대대로 움직여 주지는 않는다. 그러기는커녕 오히려 한통속이 되어 서로 감싸 주고 틈만 나면 공격해 들어오려고 군주의 행동을 엿본다. 따라서 방심은 물론 틈도 보여서는 안 되고, 신하의 책동을 제압하려면 군주되는 자가 상벌 권한을 확실히 휘어잡고 엄격하게 신하를 통제해야 한다.

한비자의 말을 인용하자면 다음과 같다.

"下匿其私, 用試其上, 上操度量, 以割其下(하익기사, 용시기상, 상조도량, 이할기하)."

신하는 속내를 숨기고 군주의 행동을 감시하고, 군주는 일정한 기준을 마련하여 신하들이 서로 감싸고도는 데 쐐기를 박는다는 뜻이다. 여기서 '도량'은 자나 되를 의미한다. 또 한비자는 이렇게도 말했다.

"彼求我子, 假讐人斧. 假之不可, 彼將用之以伐我(피구아여, 가수인부. 가지불가, 피장용지이벌아)."

신하에게 권한을 빌려주어서는 안 된다. 이는 적에게 도끼를 빌려주는 것과 같아, 상대방은 금세 그 도끼를 휘두르며 덤벼들 것이라는 뜻이다.

이러한 양쪽의 다툼이 바로 한비자가 말한 '싸움'으로, 그는 조직 내에서 이런 싸움이 반복되고 있다고 이야기했다.

이런 말을 들으면 성선설에 익숙한 일본인 중에는 아마 위화감을 느끼는 사람도 있지 않을까? 하지만 현실을 직시해 보면 이러한 측면이 있다는 사실을 부정할 수만은 없을 것이다!

현대 조직에도 마찬가지 측면이 있다. 최고경영자가 자신의 주변에 충분한 주의를 기울이지 않으면 부하직원에게 배신당해 파멸을 초래할 우려가 없지만은 않다.

3. 작은 충성이 적이 된다

작은 충성에 집착하면 큰 충성을 잃는다.

行小忠, 則大忠之賊也(행소충, 즉대충지적야)

작은 충성을 행하면 큰 충성의 적이 된다.

「십과편(十過篇)」

한비자는 그 일례로 다음과 같은 이야기를 인용했다.

초(楚)나라에 자반(子反)이라는 장군이 왕을 따라 전쟁터를 향했다고 한다. 그런데 자반이 한참 전쟁을 하던 중에 목이 말라 물을 달라 했더니 그의 시중이 나름 신경 써서 술을 따른 잔을 내밀었다.

"무어냐, 이것은 술이 아닌가? 물을 주게."
"아닙니다. 그건 물입니다."

상대방이 그리 말하니 자반은 잔을 받아 마셨다. 그는 원래 술을 싫어하지 않았다. 그래서 "참 맛있구나!"라며 마시다 보니 어느새 잔이 거듭되어 결국 술에 취하고 말았다.

전쟁이 일단 멈추자 다음 작전을 상의하기 위해 자반을 찾는 왕에게 자반이 가슴 부분이 아파 못 가겠다고 하자 왕이 몸소 그의 진지를 찾았다. 그런데 들어서는 순간 술 냄새가 풀풀 풍기지 않겠는가! 격노한 왕은 궁으로 돌아가자마자 대역죄를 지었다는 이유로 자반을 참수형에 처했다고 한다.

술을 권한 시중에게 악의가 있었던 것은 아니다. 피곤한 주인을 보고 힘을 좀 북돋아 주려고 술 한 잔 올렸을 뿐이다. 하지만 그것이 결국 주인의 목숨을 앗아갔다.

한비자는 이 이야기를 소개한 후 역시나 이런 코멘트를 붙였다.

"시중드는 자가 무슨 원한이 있어 자반에게 술을 권한 것은 아니었다. 그 나름대로 충성을 다하기 위해 한 행동이었다. 하지만 이것이 오히려 화를 불러 자반을 죽이고 말았다."

이처럼 최고의 자리에 있는 자는 아랫사람의 진언을 가령 그것이 선의에서 나온 것이라 할지라도 제대로 생각해 보지도 않은 채 '그래, 그래!' 하며 쉽게 받아들여서는 안 된다. 만약 그렇게 한다면 언제 자신이 파멸할지 알 수 없다. 한비자는 최고의 자리에 있는 자에게 이런 위험도 있다는 사실을 이야기한 것이다.

현대의 최고경영자들에게도 이러한 함정은 도사리고 있다. 특히 측근이나 추종자를 조심해야 한다. 그들이라고 최고경영자가 잘 되길 바라지 않는 것은 아니겠지만, 그들의 이야기가 '작은 충성'인지 '큰 충성'인지는 정말 신중하게 검토할 필요가 있다. 예로부터 이를 게을리하여 자멸한 최고경영자가 얼마나 많았던가!

4. 기밀을 누설하지 마라

**일을 성공시키고 싶다면 은밀하게 진행해야 한다.
정보가 새어 나가면 자신의 파멸은 피할 수 없다.**

事以密成, 語以泄敗(사이밀성, 어이설패)
일은 은밀히 하여야 이루어지고, 말은 누설되면 실패한다.

「세난편(說難篇)」

일본 격언에 "남자가 집 밖으로 나가면 7명의 적이 있다 (남자가 세상 밖으로 나가 활약하면 많은 적이 생긴다는 뜻–역주)."는 말이 있다. 대개 성선설로 대응해 온 일본사회에서도 선인들은 이런 말로 적에 관해 경고해 왔다.

하지만 적은 밖에만 있는 것이 아니라 안에도 있다. 그리고 이런 내부의 적 또한 빈틈만 생기면 발목을 잡으려고 이쪽의 행동을 엿본다. 외부의 적은 적이라는 사실을 알기에 그나

마 대비할 수 있다. 반면 내부의 적은 내부에 숨어 있기에 매우 성가시다. 잘못 대응하면 치명타가 될 수 있다.

이 문장에서 한비자는 정보관리에 관해 이야기했다. 만약 기밀정보가 외부에 누설된다면 눈 깜짝할 사이에 궁지에 몰린다. 그렇기에 모든 나라와 조직이 정보관리에 만전을 기하는데, 이는 당연한 일이다.

그런데 한비자가 이 문장에서 말한 것은 내부 누설이다. 한비자는 우선 내부 누설을 강하게 경계해야 한다고 했는데, 왜일까? 이에 관해 두 가지 정도 이유를 들 수 있을 것 같다.

첫째, 기밀정보가 누설되면 이를 아는 사람이 제일 먼저 의심을 받게 되는데, 그러면 일단 정보를 알고 있는 자기 위치가 위험해지기 때문이다.

둘째, 그 정보가 내부에 있는 적에게 넘어가면 그들이 이를 감쪽같이 이용하여 자기 발목을 잡을 것이 틀림없기 때문이다.

한비자는 내부로의 기밀 누설은 이러한 두 가지 의미에서 자기 신변을 위험하게 만들고 끝내는 치명타가 될 수 있다고 이야기했다.

이를 피하기 위해서는 기밀로 해야 하는 정보일수록 아무리 친한 사이라도 함부로 누설해서는 안 된다. "이건 비밀이야!", "여기서만 하는 이야기야!" 등 아무리 못을 박아도 보통 이런 이야기는 어느샌가 퍼져 나가기 때문이다.

사람을 쓰는 입장에서 보면 유능해서 일을 아무리 잘해도 입이 가벼운 사람은 기밀을 요하는 안건에는 처음부터 참여시키지 않는 편이 좋다. 그 정도로 주의를 기울이지 않는다면 기밀을 끝까지 지켜 나갈 수 없을지도 모른다.

5. 정보를 어떻게 사용할 것인가

**아는 것은 어렵지 않다. 알고 난 후에
어떻게 대처하느냐가 어렵다.**

非知之難也. 處知則難也(비지지난야, 처지즉난야)
앎은 어렵지 않다. 앎에 어떻게 대처하느냐가 어렵다.

「세난편(說難篇)」

한비자는 정보를 입수한 후에 이를 어떻게 사용하느냐가 어려운 것이라며, 자칫 잘못 사용하면 이 또한 자신을 파멸시키는 근원이 될 거라고 이야기했다. 한비자는 이에 관해 두 가지 예를 들어 설명했다.

옛날에 정(鄭)나라 왕이 호(胡)나라를 치려고 할 때의 일이다. 정나라 왕은 일단 자기 딸을 호나라 왕에게 시집보낸 후 신하에게 물었다.

"영토를 넓히고 싶은데 어느 나라를 공격하면 좋겠는가?" 이에 중신 중 한 사람이 대답했다. "호나라가 좋을 듯합니다." "호나라는 형제의 나라이거늘. 어찌 호나라를 치자 하는가!"

정나라 왕은 불같이 화를 내고 그 중신을 죽였다.
이를 전해들은 호나라 왕은 '그럼 안심해도 되겠군!' 이라 생각하여 정나라에 대한 대비를 전부 풀어 버렸다. 결국 그 덕분에 정나라는 호나라를 공격하여 멸망시킬 수 있었다.

또 다른 예는 다음과 같다.
송(宋)나라의 어느 부잣집에서 있었던 일이다. 비 때문에 담이 무너지자 아들이 말했다. "담을 고치지 않으면 도둑이 들 거예요."

옆집 주인도 똑같은 말을 했다.

그리고 그날 밤 정말로 도둑이 들어 값나가는 물건을 모조리 훔쳐가고 말았다. 그러자 부자는 자기 아들의 현명함에는 감탄하면서도, 같은 말을 한 옆집 주인에 대해서는 "저 남자가 범인인 것 아니냐?"며 의심했다고 한다.

한비자는 이 두 가지 이야기를 소개한 후 이렇게 말했다.

"此二人說者皆當矣. 厚者爲戮, 薄者見疑. 則非知之難也, 處知則難也(차이인설자개당의. 후자위륙, 박자견의. 즉비지지난야, 처지즉난야)."

정나라 중신과 옆집 주인 모두 정곡을 찌르는 말을 했다. 그런데도 한 명은 죽임을 당하고, 다른 한 명은 의심을 샀다. 결국 아는 것은 어렵지 않으나 알고 난 후에 어떻게 대처하느냐가 어렵다는 뜻이다. 정보를 효과적으로 사용하고 싶다면 자기 입장이나 역량을 알고 때와 장소를 잘 파악해야 함은 분명하다. 섣부르게 사용하면 오히려 상대방에게 이용당하고 자신을 파멸시킬 흉기가 될 수도 있다.

6. 역린을 건드리지 마라

**군주에게도 역린이 있다. 역린을 건드리지 않으면서
진언할 수 있다면 합격이라 할 수 있다.**

人主亦有逆鱗. 說者能無嬰人主之逆鱗, 則幾矣
(인주역유역린. 세자능무영인주지역린, 즉기의)
군주에게도 역린이 있다. 이 역린을 건드리지 않고
설득할 수 있다면 성공했다고 할 수 있다.

「세난편(說難篇)」

신하에게 군주란 생사여탈권을 쥐고 있는 무서운 존재다. 만약 조금이라도 군주의 심기를 건드리면 미움을 받거나 기피당하고, 그 결과 언제 목이 날아갈지 모른다.

그렇기에 무언가 의견을 말할 때도 신중하게 골라서 말할 필요가 있다. 한 마디라도 군주에게 거슬리는 말을 입에 담으면 적어도 좌천 정도는 각오해야 한다. 그렇다고 해서 군주가 무언가 의견을 요구할 때 대답을 안 할 수도 없다.

한비자는 군주에게 진언할 때 어떤 마음가짐을 가져야 하는지에 관한 조목을 여러 가지 나열했다. 가령 상대방이 무엇을 원하는지 파악하여 거기에 부합하는 의견을 제시하면 된다면서 다음과 같은 예를 들었다.

"상대방이 머릿속에 이익 생각밖에 없는 군주라고 치자. 그런 상대에게 명성을 드높일 수 있는 군주의 마음가짐에 관해 설명한다면 무신경할 뿐더러 아무 도움도 안 된다며 눈길조차 주지 않을 것임이 틀림없다."

또 상대방의 기분을 거슬러서는 안 된다며 이렇게도 말했다.

"사리사욕에 관해 비판받을까 걱정하는 상대에게는 훌륭한 대의명분을 찾아 줌으로써 자신감을 불어넣어 준다. 위험한 사업을 그만두게 하고 싶을 때에는 일단 문제점을 지적한 후 군주 개인에게도 불이익이 되리라는 사실을 넌지시 내비치는 것이 좋다."

한비자는 이러한 몇 가지 예를 든 후 마지막으로 이렇게 주의를 줬다.

"용이라는 동물은 잘 길들이면 사람이 올라탈 수도 있지만, 그의 목 아래에 있는 직경 일 척쯤 되는 반대 방향으로 나 있는 비늘, 바로 역린을 건드리면 반드시 그 사람은 용에 물려 죽는다. 군주에게도 이러한 역린이 있으니, 이를 건드리지 않고 진언할 수 있다면 합격이라 할 수 있다."

물론 현대의 최고경영자에게도 이런 역린이 있다. 이런 부분을 잘 터득하여 가능한 한 물려 죽는 일이 없도록 대응하길 바란다.

7. '간신'을 조심해라

**간신은 군주의 비위를 맞춰 신뢰를 쟁취하고
그 위세를 빌려 행동한다.**

姦臣皆欲順人主之心, 以取信幸之勢者也
(간신개욕순인주지심, 이취신행지세자야)
간신은 군주의 비위를 맞춰 신임과 총애를 받고
세력을 얻으려는 자다.

「간겁시신편(姦劫弑臣篇)」

'간신'이란 간교한 신하를 의미한다. 한비자에 따르면 이러한 신하는 "지당하신 말씀이십니다.", "군주님 말씀이 옳습니다." 등의 말을 하며 군주의 뜻을 받들어 신뢰를 쟁취한 후 군주의 위세를 등에 업고 아랫사람을 대한다고 한다. 그러나 이런 사람을 괘씸하다고 비난해도 소용없다.

신하라는 존재는 권력을 쥐고 있는 군주에게 거스를 수

없기 때문이다. 무심코 거스르기라도 했다가는 목이 날아갈 우려가 있다. 그렇기에 아무래도 "지당하신 말씀이십니다."라고 이야기하게 되는데, 이는 자연스러운 인간의 마음이다.

그러므로 군주는 이러한 사정을 잘 이해하여 간교한 신하에게 이용당하지 않도록 확실히 신하를 통제해야 하고, 그러지 못할 경우 가장 중요한 권력까지도 신하에게 빼앗길 수 있다고 한비자는 이야기했다.

한비자의 이러한 지적은 진실의 일면을 예리하게 꿰뚫고 있다. '간신'인지 아닌지는 차치해 두고라도 권력을 쥐고 있는 군주를 섬기면서 대놓고 군주의 의향을 거스르는 말을 하기는 쉽지 않다. 그렇기에 아무래도 간살을 부리는 사람이 되고 마는데 이는 어느 시대에나 변하지 않는 자연스러운 인간의 마음으로, 누구에게도 이를 비난할 자격은 없다.

따라서 최고 일인자가 아랫사람의 간살에 현혹되지 않으려면 이러한 점을 잘 구분하여 대처해야 한다. 이것을 잘 못했기에 예로부터 최고 일인자의 수난극이 끊임없이 되풀이되어 왔고, 현대에도 그런 예가 적지 않은 듯하다.

예를 들어 심복인 부하직원에게 사장 자리를 물려주고 스스로 실권이 있는 회장 자리로 물러났을 때이다. 회장은 그

따까지 자신을 거스른 적 없던 직원이기에 앞으로도 자기 말을 잘 들어주리라 기대하지만, 꼭 그렇지만은 않다. 결국 사장에게 힘이 생기면 회장은 회장 자리에서 쫓겨나거나 실권이 없는 자리로 밀려나곤 하는데, 이런 경우는 드물지 않게 발생한다.

이때 상대방을 "나쁜 놈!", "은혜도 모르는 놈!"이라 비난하는 것은 자신이 얼마나 인간학에 미숙했는지를 자기 입으로 이야기하고 다니는 것과 마찬가지다.

8. 안전하고 이익이 되는 쪽에 붙는다

**안전하고 이익이 되는 쪽에 붙고
위험하고 해가 되는 것으로부터 멀어지려 하는 건
인지상정이다.**

安利者就之, 危害者去之. 此人之情也
(안리자취지, 위해자거지. 차인지정야)
안전하고 이익이 되는 것에는 붙고 위험하고
해가 되는 것으로부터는 멀어진다. 이것이 인간의 마음이다.
「간겁시신편(姦劫弑臣篇)」

한비자에 따르면 이는 인간의 천성이라 한다. 물론 신하도 예외는 아니다. 그들은 예사로 자신에게 안전하고 이익이 되는 쪽에 붙는다고 한다. 따라서 분명 이러한 일면이 있다는 사실은 인정하지 않을 수 없다.

한비자의 말을 인용하자면 이렇다.

"신하들 중에는 지혜를 짜내고 성실히 노력하여 맡은 바 직책을 완수하고 그 나름대로 실적을 올리면서 풍족하지 않은 생활에도 만족하며 사는 자가 있는가 하면, 군주를 홀려 사리사욕을 꾀하고 교활하게 중신들의 비위를 맞춰 출세가도를 달려가는 자도 있다. 만약 이러한 현실을 직접 눈으로 확인한다면 틀림없이 모두가 안전하고 이익이 되는 쪽에 붙고 싶을 것이다."

모두가 너 나 할 것 없이 안전하고 이익이 되는 쪽으로 쏠린다면, 법에 따라 성실히 직책을 완수해 주길 바라는 건 무리한 부탁이 될 것이다. 그런데 이래서는 정치가 제대로 이루어질 리 없다.

왜 이런 상황이 되는 걸까? 한마디로 말하면 군주의 태만 때문이다. 군주가 해야 할 일도 하지 않은 채 빈둥대고 있으니 이런 사태가 벌어지는 것이다. 그렇다면 군주는 어떻게 해야 할까? 한비자에 따르면 우선 법을 확립하여 엄격한 '신상필벌(信賞必罰, 상을 줄 만한 훈공이 있는 자에게 반드시 상을 주고, 벌할 죄과가 있는 자에게는 반드시 벌을 준다는 뜻-역주)'의 자세로 임해야 한다고 한다. 과연! 이렇게 하면 신하들의 태만이나 속임수를 방지할 수 있을 것이다.

또 한 가지 신하들의 근무평정도 잊어서는 안 된다. 이를 확실하게 실시하여

1. 주어진 위치에서 성실하게 책임을 다하는 자는 끌어올려 주고
2. 약삭빠르게 움직여 '안리(安利, 안전하고 이익이 되는 쪽)'에 붙으려는 자는 배제해야 한다.

이 두 가지를 지향해 나가길 바란다.

자, 그럼 '안리'에 붙는 것이 인지상정이라면, 이는 비단 신하만의 문제는 아니다. 모든 인간이 다 그렇지는 않겠지만, '안리'나 '위해(危害, 위험하고 해가 되는 쪽)', 둘 중 하나만 선택해야 하는 상황에 빠진다면 많은 사람들이 '안리'의 길을 선택하지 않겠는가! 만약 그렇다면 우리도 매사에 잘못 대처하지 않기 위해서는 이러한 현실을 확실히 인정해야 하지 않을까?

9. 엄벌을 망설이지 마라

**사람들은 엄한 형벌을 싫어한다.
하지만 엄벌이 있을 때 비로소 그 나라가 평안하다.**

嚴刑重罰者民之所惡也, 而國之所以治也
(엄형중벌자민지소악야, 이국지소이치야)
엄형중벌은 백성이 싫어하나 이로써 나라가 평안해진다.

「간겁시신편(姦劫弑臣篇)」

나라를 다스리려면 우선 법률을 제정하여 백성들에게 이를 철저하게 주지시키고, 위반한 자에게는 엄벌을 내려야 한다. 이것이 한비자의 지론이다. 이는 성악설식 인간관에 입각한 그이기에 당연한 인식이라 할 수 있다.

한비자는 이어서 다음과 같이 경고했다.

"哀憐百姓輕刑罰者, 民之所喜, 而國之所以危也(애련백성

경형벌자, 민지소희, 이국지소이위야)."

　백성을 불쌍히 여겨 형벌을 가볍게 하면 밑에 있는 사람은 좋아하겠지만 나라의 정치는 꾸려나갈 수 없게 된다는 뜻이다. 철저하다. 다소 극단적인 주장처럼 느껴질 수도 있지만, 일리 있는 말이라는 점은 인정하지 않을 수 없다.

　오늘날의 중국을 보고 있자면, 형벌을 내릴 때 가차 없이 사형이 선고되고 판결이 내려지면 순식간에 집행된다. 분명 한비자식이라 할 수 있다. 아마도 중국의 위정자들은 "이렇게라도 하지 않으면 수습이 안 된다."고 변명할 터이다. 하지만 지금 중국의 처벌 방식은 '아랫사람에게는 엄하게, 윗사람에게는 가볍게' 하는 경향이 뚜렷하여 "송사리만 잡아들인다."는 불만의 목소리가 높아지고 있다. 이에 관해서는 한비자 역시 이의를 제기할 것임이 틀림없다.

　그렇다면 일본은 어떨까? 중국과 달리 사형 선고에 매우 신중하고, 10년이고 20년이고 집행이 뒤로 미뤄지는 케이스도 드물지 않다. 분명 일본에는 한비자의 방식과는 다른 사상이 작용하고 있다.
　물론 나 또한 일본인이기에 일본식으로 사회가 잘 돌아

간다면 그것이 가장 좋다고 생각한다. 하지만 이도 지나치면 다른 사람에게 본보기가 되지 못하고 억제력도 작용하지 않게 된다. 실제로 그런 현상이 여기저기서 두드러지게 나타나고 있는 것 같다. 그러므로 이쯤에서 정신을 바짝 차리지 않으면 현재 일본 사회의 모습이 사라져버릴 우려가 있다.

기업의 조직 관리도 마찬가지다. 굳이 '엄형중벌' 까지는 아니더라도 어딘가 한 곳에 엄중함을 갖춰 주기를 바란다. 그래야 비로소 조직체로서 기업을 통제해 나갈 수 있다.

10. 배려의 정치는 성립되지 않는다

가난한 자에게 베풀면 공적이 없는 자에게도
상을 주는 셈이 된다. 엄벌을 망설이면
태연하게 법을 위반하는 자가 나타난다.
有施與貧困, 則無功者得賞, 不忍誅罰, 則暴亂者不止
(유시여빈곤, 즉무공자득상, 불인주벌, 즉폭란자부지)
빈곤한 자에게 베풀면 공이 없는 자도 상을 받고,
형벌을 참으면 난폭한 자가 끊이지 않는다
「간겁시신편(姦劫弒臣篇)」

한비자는 '신상필벌(信賞必罰)'이야말로 정치 원칙이라고 여겼다.

그런데 그 당시 정치는 어땠을까? 그 당시라 하면 한비자가 살았던 시대로, 정치가 무엇인지도 모르는 자들이 끊임없이 '배려하는 마음'이나 '자비로운 마음' 등에 관해 이야기하고 다니던 시절이다. 어처구니없는 일이다. '배려하는 마음'이란 가난한 자에게 베푸는 것을, '자비로운 마음'이란 엄벌을 망설이는 것을 뜻하지 않는가! 한비자는 이래서는 정치 그 자체가 성립되지 않는다고 이야기했다.

여기에서 소개하는 문장도 그런 맥락에서 나온 것이다. 지위가 낮고 생활이 어려운 자들에게 이를 이유로 무턱대고 은혜를 베푼다면 공을 세운 공로자에게는 어떻게 보상할 것인가? 이렇게 하면 모처럼 의욕이 생긴 사람까지 의욕을 잃고 말 것임이 틀림없다. 이는 '신상(信賞)'의 원칙에 반한다. 그리고 엄벌을 망설이면 어떻게 될까? 이 또한 두말하면 잔소리다.

그래서 한비자는 이야기했다. "정치에서 배려하는 마음이나 자비로운 마음 따위는 무용지물이다. 정치의 근본은 엄벌로 대처하는 것이다."

현대 일본 정치는 어떨까? 격차시정(格差是正), 약자구제(弱者救濟) 등의 목소리가 여기저기서 들려온다. 게다가 이를 무턱대고 부정한다면 순식간에 엄청난 비난을 받고 정치가로서 실격이라는 낙인이 찍힐 수 있다.

정치가라면 누구나 국민에게 미움받고 싶어 하지 않는

다. 그렇기에 엄한 자세로 대처하기를 망설이고 자칫 잘못하면 "그렇죠, 그렇죠!" 등 인기를 얻기 위한 정치로 흘러가게 된다. '선심성 복지'나 '배려성 예산' 등이 바로 이런 종류의 정치가 아닐까?

이런 정치를 펼친다면 심각한 재정난에 빠지는 것도 무리는 아니다. 아니 그보다, 일본 사회의 활력이 떨어지는 것이 더 큰 문제다. 실제로 이런 징후가 여기저기서 나타나고 있는 것 같아 견딜 수 없다.

11. 신하를 믿지 마라

군주는 신하를 믿고 의지하는 것을 경계해야 한다.

人主之患在於信人(인주지환재어신인)
군주의 근심은 남을 믿는 데에 있다.

「비내편(備內篇)」

    군주는 일국의 최고 자리에 있는 자로 나라를 다스려 나갈 책임이 있다. 따라서 당연히 능력, 인격 모두 뛰어난 인물이어야 바람직하다.

    단, 아무리 뛰어난 인물이라도 한 인간의 능력에는 한계가 있다. 그렇기에 유능한 인재의 등용이 요구되고, 등용했으면 그 사람이 의욕을 가지고 열심히 노력하도록 만들어야 한다. 그렇지 않으면 돼지 목에 진주목걸이를 걸어 주는 격이다.

그렇다면 신하의 의욕을 이끌어 내기 위해 어떻게 하면 좋을까? 일단 믿고 맡겨야 한다. 물론 그 전에 신뢰할 수 있는 인물인지 아닌지를 신중하게 살펴야 함은 말할 필요도 없다. 이를 잘 살펴본 후 일을 맡긴다. 신하에게 신뢰를 주면 의욕적으로 열심히 분발해 줄 것임이 틀림없다.

따라서 신하를 믿고 일을 시키는 것이 신하의 의욕을 이끌어 내는 비결이라 여겨져 왔고, 이는 사람을 브리는 왕도라 해도 과언이 아니다.

하지만 한비자는 이 왕도에 이의를 제기했다. '신하를 믿어?', '일을 맡겨?', 그건 너무 안이한 생각이라는 것이었다.

원래 한비자는 인간이란 믿을 수 없는 생물이라는 전제에 입각하여 주장을 펼쳤다. 물론 신하도 예외는 아니었다. "지당하신 말씀이십니다."라고 말하며 복종하는 척하면서 뒤에서 무슨 일을 꾸미고 있는지 알 수 없는 데다, 그쪽이 자신에게 이익이 된다고 생각하면 태연하게 군주를 배신할지도 모른다.

그렇다면 그런 신하를 어떻게 해야 잘 부릴 수 있을까?
첫째, 이미 말했듯 군주가 상벌 권한을 확실히 잡아야 한다. 현대 기업으로 치자면 인사권쯤 된다. 이것만 꼭 쥐고 있으면 상대를 길들이거나 벌벌 떨게 하여 마음먹은 대로 부릴 수 있다.

둘째, 틈을 보이면 안 된다. 신하들이 나쁜 일을 꾸미거나 배신하는 이유는 군주에게 틈이 있기 때문이다. 책동의 여지를 없애기 위해서도 틈을 보여서는 안 된다. 이와 더불어 배신하면 엄청난 보복이 기다리고 있다는 사실을 잘 알려두면 더욱 효과가 있을 듯하다.

어딘가 한 부분에 한비자의 방식을 도입해 둔다면 만전을 기할 수 있지 않을까!

12. '사랑하는 자'를 조심하라

재앙거리는 가까이에 있는 사랑하는 자에게 있다.

禍在所愛(화재소애)

화는 사랑하는 자에게 있다.

「비내편(備內篇)」

'사랑하는 자'란 구체적으로 어떤 사람을 지칭하는 것일까?

첫째, 요직에 있는, 군주가 좋아하는 총신(寵臣)이나 측근이다.

무엇보다 그들은 군주의 마음속 깊숙이 파고 들어가 있는 데다 군주가 그들에게 기밀에 관해 상담도 하고 있어서 다루기가 어렵다. 그리고 그들은 마음만 먹으면 뒤에서 담합하여 군주를 따돌리거나 추방시킬 수 있는 입장에 있다. 따라서 적어도 그들에게는 항상 이러한 우려가 따라다닌다고 할 수 있다.

예나 지금이나 그런 사례가 적지 않지 않은가? 따라서 한비자는 총신이나 측근이라고 해도 결코 마음을 다 허락해서는 안 된다고 이야기했다.

둘째, 바로 아내다.

한비자는 다음과 같은 일화를 인용하여 남편과 아내의 이익은 서로 다르다고 이야기했다.

위(衛)나라의 한 부부가 신에게 소원을 빌었다. 아내가 빌기를 "신이시여, 부디 저에게 포목 백 묶음만 주십시오."

이를 들은 남편이 "너무 적다."고 이야기하자 아내가 대답했다.

"그 이상 많으면 당신이 첩을 둘 테니까요."

일반 부부조차 이런데, 하물며 군주의 후궁은 어떻겠는가? 많은 여성들이 떼 지어 모여 사는 후궁에서는 애증의 드라마가 되풀이된다. 여기에 휩쓸리면 언제 발이 걸려 넘어질지 모른다. 또 군주가 아내에게 꼼짝 못 한다는 사실이 알려지면 신하들은 아내 편에 빌붙게 된다. 이렇게 되면 군주의 존재는 점점 희미해져 간다.

셋째, 아들이다.

이 또한 후계자 싸움으로 얽히면 혈육 간의 싸움으로까지 발전하게 되는 예가 많다. 따라서 한비자는 피를 나눈 아들이라 해도 결코 안심할 수 없다고 이야기했다.

"그런 이야기는 다 옛날이야기!"라고 말하는 사람이 있을지도 모른다. 과연 그럴까? 현대에서도 어설프게 유산 등을 남기면 으레 상속을 둘러싼 다툼이 일어난다고 한다. 심지어 남편을 죽이고 부모를 죽이는 일도 드물지 않다. 우리 일반인이 살고 있는 세계에서도 한비자의 경고가 현실성을 띠기 시작한 것 같아 걱정이다.

13. 인간은 이익에 따라 움직인다

가마를 만드는 직업을 가진 사람은
다른 사람이 부자가 되기를 바라고,
관을 만드는 직업을 가진 사람은
다른 사람이 빨리 죽기를 바란다.

輿人成輿, 則欲人之富貴, 匠人成棺, 則欲人之夭死也
(여인성여, 즉욕인지부귀, 장인성관, 즉욕인지요사야)
가마를 만드는 사람은 다른 사람이 부유해지기를 바라고,
관을 만드는 장인은 다른 사람이 일찍 죽기를 바란다.

「비내편(備內篇)」

인간을 움직이는 동기는 무엇일까? 한비자는 애정도, 명예도, 하물며 정의 따위도 아닌, 오직 이익만이 인간을 움직인다고 이야기했다. 이 문장은 그가 그 예증으로 든 문장이다.

좀 더 한비자의 말에 귀 기울여 보자.

"非輿人仁而匠人賊也. 人不貴, 則輿不售, 人不死, 則棺不買. 情非憎人也, 利在人之死也(비여인인이장인적야. 인불귀, 즉여불수, 인불사, 즉관불매. 정비증인야, 리재인지사야)."

이는 가마를 만드는 직업을 가진 사람이 배려심 있는 남자고, 관을 짜는 직업을 가진 사람이 나쁜 사람이기 때문이 아니다. 다른 사람이 훌륭해지지 않으면 가마를 사 주지 않을 것이고, 다른 사람이 죽지 않으면 관을 사 주지 않기 때문이다. 다른 사람의 죽음을 바라는 것은 그를 증오해서가 아니라 그가 죽으면 자신에게 이익이 되기 때문이다.

대강 이런 의미가 아닐까? 충분히 설득력 있지 않은가!
모든 인간의 행동이 이익에 의해 동기부여된다는 주장에는 전면적으로 찬성하기 어려운 면이 있다. 하지만 이익이 유력한 동기 중 하나라는 점은 인정하지 않을 수 없다.

그래서 생각하건대 인생을 살아가는 데 인간을 읽는 힘을 습득해 두었으면 한다. "인간에 정통한 인간통(人間通)이 되지 않으면 살아갈 수 없다."고 말한 사람도 있는데, 이러한 인간통이 되는 데 한비자의 주장이 크게 도움이 되지 않을까?

인간이 이익으로 움직이는 동물이라면 당연히 손익판단이 행동기준이 된다. 따라서 약자보다 강자를 따르는 것은 피하기 어렵다. 인간이 그런 존재라는 사실을 터득해 두면 잘못 대응할 일도 적어질 터이다.

또 다른 사람에게 무언가 부탁할 때도 그렇다. "어떻게든 좀 해 주세요."라고 매달릴 필요도 있지만, 그보다는 "이렇게 하는 편이 당신에게도 이익이 돼요."라고 넌지시 내비치기만 해도 설득효과가 크게 높아지지 않을까?

14. 군신관계는 손익계산이다

**군주는 손익계산으로 신하를 돌보고,
신하도 손익계산으로 군주를 섬긴다.
군신관계는 손익계산 이외의 그 어떤 것도 아니다.**

君以計畜臣, 臣以計事君. 君臣之交計也
(군이계축신, 신이계사군. 군신지교계야)
군주는 이해계산으로 신하를 돌보고, 신하도 이해계산으로
군주를 섬긴다. 군주와 신하의 관계는 이해계산이다.

「식사편(飾邪篇)」

맹자의 '君臣有義(군신유의)'는 공자의 사상이기도 했다. 이때 '의(義)'란 인간으로서 밟아 나가야 할 바른길을 의미하는데, 공자는 군신관계가 이 '의'로 연결되어야 한다고 이야기했다.

좀 더 구체적으로 말하자면 이렇다. 우선 군주는 '인(仁)',

즉 배려하는 마음으로 신하를 대하고 안심하고 일할 수 있게 배려해 주어야 한다. 신하라고 해서 하찮은 벌레 취급을 해서는 안 된다. 현대식으로 이야기하자면 신하의 인권을 존중해 주자는 것이다.

한편 신하는 자신의 양심에 따라 주어진 자리에서 맡은 바 책임을 다해야 한다. 군주에게 과오가 있다면 감히 간언하는 것도 불사해야 한다. 이것이 신하로서의 소임을 다하는 방법이라는 것이다.

'군신유의'란 바로 이런 관계를 뜻하는데, 이는 유교의 이념이자 '이랬으면 좋겠다'는 바람이기도 하다.

그런데 앞서 언급한 문장은 이러한 이념에 관해 한비자가 '아니요, 현실은 그렇게 호락호락하지 않습니다.'라고 정면에서 이의를 제기한 것이다.

이어 한비자는 이렇게 말했다. "자기 몸을 희생해 가면서까지 나라를 위해 몸 바치려는 신하는 없다. 또 나라를 희생해 가면서까지 신하를 배려하는 군주도 없다. 군신관계는 어차피 손익계산으로 연결된 것이다."

분명 그런 일면이 있다는 사실은 부정할 수 없다.

그렇다면 이러한 손익계산으로 자신을 섬기는 신하를 잘

활용하려면 어떻게 해야 좋을까?

한비자에 따르면 두말할 것도 없이 '법'을 확립하여 준수해야 할 기준을 제시하고, 상벌 구분을 명확히 해야 한다고 한다. 그렇지 않으면 신하는 공적도 없는데 상을 탐하고, 죄를 저지르고도 피할 궁리만 한다고 한다.

최근 일본 사회도 점점 한비자 방식으로 기울어지고 있다. 여기엔 온정 따위는 끼어들 여지도 없으니 섬기는 측도 웬만큼 강해지지 않으면 살아남을 수 없을 듯하다.

15. 불행은 어디에서 오는가

**불행은 행복 속에서 생겨난다.
따라서 행복 속에는 항상 불행의 싹이 숨어 있다.**

禍本生於有福. 故曰, 福兮禍之所伏
(화본생어유복. 고왈, 복혜화지소복)
화는 원래 복이 있는 곳에서 생겨난다.
고로 복에는 화가 숨어 있다.

「해로편(解老篇)」

한비자의 해설을 인용하자면 이렇다.

"인간은 운이 따라주면 부귀한 자리를 손에 넣을 수 있다. 그런데 부귀해지면 입는 것, 먹는 것이 사치스러워지고, 사람을 깔보는 마음이 생겨난다. 이런 마음이 싹트기 시작하면 자기 마음대로 행동하게 되고 도리를 뒤돌아보지 않게 된다. 그 결과 자신의 파멸을 초래할 날이 가까워진다."

경쟁무대에서 빠져나와 세상의 흥망성쇠나 인간의 운명을 바라보자면 대체로 이 철학의 이치가 맞아떨어지는 것처럼 느껴진다.

지위가 높아져 생활에 여유가 생기면 의식주가 사치스러워진다. 물론 자기 분수를 넘어서지 않는다면 이는 허용범위 안에 든다고 할 수 있다. 하지만 그 후 사람을 깔보는 마음이 싹트는 것이 문제다. 원문 표현을 빌자면 "驕心生(교심생), 교만한 마음이 생긴다."이다. 이런 마음이 생기면 아무렇지 않게 다른 사람을 업신여기게 되는데, 이 지경이 되면 모처럼 얻은 지위나 명예도 오래가지 않을 수 있다.

『좌전(左傳)』이라는 고전에는 "禍福無門, 唯人所召(화복무문, 유인소소)."라는 '화복(禍福)'에 관한 유명한 문장이 나온다. 불행과 행복 모두 특별한 문이 있어 들어오는 것이 아니라 그 사람이 불러오는 것이라는 뜻이다.

행복을 손에 넣으려면 운 등 정체를 알 수 없는 요소도 영향을 주기는 하지만, 역시 그 사람의 노력이나 재치가 가장 큰 영향을 미친다. 하지만 문제는 행복을 손에 넣은 다음이다. 지금 행복하다고 기분이 붕 떠 있으면 금세 추락의 함정이 도사리고 있다.

    불행으로 전락하면 곧잘 남 탓을 하면서 불만을 터트리는 사람이 있다. 그 기분을 모르지는 않지만, 냉정하게 생각해 보면 그렇게 된 원인이 대부분 자신에게 있다는 사실을 깨달을 수 있다. 한비자에 따르면 그 원인은 '교심(驕心), 즉 교만한 마음'에 있다고 한다. 어쩌면 신이 '교심'으로 생긴 틈을 콕 찌르는 것인지도 모른다.

16. 왜 실패하는가

성공을 목표로 했는데 실패로 끝나는 이유는
이치를 모르면서 지혜나 능력 있는 사람에게
가르침을 청하려 하지 않기 때문이다.

衆人之所以欲成功而反爲敗者, 生於不知道理, 而不肯問知而聽能
(중인지소이욕성공이반위패자, 생어부지도리, 이불긍문지이청능)
많은 사람들이 성공을 바라는 데도 오히려 실패하는 연유는
도리를 모르면서 굳이 지혜로운 자에게
물어보려 하지 않기 때문이다.

「해로편(解老篇)」

한비자는 그 예로 이런 이야기를 인용했다.

제(齊)나라의 관중(管仲)과 습붕(隰朋)이 군을 이끌고 원정에 나갔다가 겨울이 되어 나라로 되돌아오던 중 길을 잃고 말

았다. 그러자 관중이 말했다.

"늙은 말의 지혜가 우리에게 도움이 될 거야!"

그러고는 말을 풀어 주고 그 뒤를 따라가 봤더니 정말 길을 찾을 수 있었다.
또 산중을 행군하던 중 물이 떨어졌을 때 습붕이 말했다.

"개미는 여름에는 산 북쪽에, 겨울에는 산 남쪽에 산다고 한다. 그러니 한 치 높이의 개미집이 있다면 그 아래 8척쯤 되는 곳에 물이 있을 터이다."

그래서 파 봤더니 정말 물이 솟아났다고 한다.
한비자는 이 이야기를 소개한 후 다음과 같은 코멘트를 붙였다.

"관중이나 습붕처럼 지혜가 뛰어난 사람도 모르는 일에 부딪히면 하물며 늙은 말이나 개미에게서도 가르침을 받았다. 그런데 지금 사람들은 어리석은 주제에 성인에게조차 배우려 하지 않는다. 이 얼마나 마음가짐에 차이가 있는가!"

참고로 '부지도리(不知道理), 도리를 모른다'의 '도리(道理)'란 이렇게 하면 이렇게 된다, 여기를 누르면 이런 반응이 나온다 등의 이치를 뜻하고, 인간학은 이러한 이치를 더 깊이 연구하는 학문이다. 따라서 '부지도리'란 인간학에 미숙하다는 뜻이기도 하다. 이래서는 무슨 일을 해도 실패를 피할 수 없을 듯하다.

누구나 어느 정도 인생을 살아가다 보면 자기 경험을 바탕으로 웬만큼은 '도리'를 습득할 수 있다. 특히 고생을 많이 한 사람일수록 그렇다. 그런 의미에서 보면 고생을 해 보는 편이 더 낫다. 하지만 자기 경험에만 국한된다면 이는 범위도 좁고 깊이도 얕다. 따라서 고전을 펼쳐 선인들의 지혜를 배움으로써 자신들의 경험을 보강시켜 나가기를 바란다. 한비자 또한 이를 권했다는 사실을 잊어서는 안 된다.

17. 사소한 것에서부터 무너져 간다

천 길 높이의 둑도 땅강아지나 개미가 파 놓은
조그만 구멍에서부터 무너지고,
백 척 높이의 고루(高樓)도 아궁이 틈새에서
날아올라 온 작은 불씨 때문에 불에 타 무너져 내린다.
千丈之堤以螻蟻之穴潰, 百尺之室以突隙之烟焚
(천장지제이루의지혈궤, 백척지실이돌극지연분)
천 길 높이의 둑도 땅강아지나 개미가 뚫어 놓은 구멍으로 인해
무너지고, 백 척 높이의 큰 집도 굴뚝 틈 연기로 인해 불타버린다.
「유로편(喩老篇)」

아무리 완벽하다 여겨지는 체제도 사소한 것이 원인이 되어 무너져 간다. 만약 그렇다면 안심이란 있을 수 없으니 아무리 사소한 것이라도 방심하지 말고 화를 미연에 방지할 수 있는 조심성이 요구된다는 뜻이다.

이는 사고가 일어나는 것을 보면 이해하기 쉽다. 아무리 큰 사고나 불상사도 작은 과실이나 약간의 방심 때문에 발생했다는 사실을 깨닫고 나중에서야 '아차' 하는 일이 많다. 이 문장은 바로 이런 사태를 경고한 것이다.

하지만 선인들의 경고에도 여전히 큰 사고가 끊이지 않고 있다. 게다가 그 대부분이 무심코 저지른 실수에 의한 것이다. 바로 마음의 해이, 즉 방심이라 할 수 있다.

결국 사고가 발생한 후 서둘러 대책을 강구하는 것보다 사고 등이 발생하지 않을 수 있게 태세를 구축하는 것이 선결과제다. 이를 위해서 항상 세심한 주의를 기울이며 일을 해야 한다.

대부분의 사고는 어느 날 갑자기 일어나는 것이 아니다. 작은 징조가 보이고, 이러한 징조들이 쌓이고 쌓여 큰 사고로 이어진다. 따라서 징조가 보일 때 그 싹을 잘라 버리면 효율 면에서도 훨씬 뛰어나다. 이는 사고뿐 아니라 업무상 벌어지는 여러 가지 트러블에도 들어맞는다. 문제가 꼬이면 아무리 지혜로운 자가 나타나도 해결하기 어렵다. 따라서 꼬이기 전에 수단을 강구하는 편이 문제를 해결할 수 있는 비결이다.

단 사소한 징후도 놓치지 말라고는 했지만 항상 여기에 신경을 쓰다 보면 신경이 버티질 못한다. 생각하건대 사소한 것에는 두 종류가 있다.

1. 말 그대로 그냥 둬도 아무 상관없는 사소한 일
2. 장래 큰일로 이어질 것 같은 사소한 일

이중 문제는 후자다. 이 점을 잘 판단하여 완급조절을 하면서 대처할 수 있다면 더 좋을 듯하다.

18. 자신에 관해서는 알기 어렵다

**인간의 지혜는 눈처럼 되어서는 안 된다.
눈은 백 보 떨어진 곳은 볼 수 있어도
자기 속눈썹은 볼 수 없다.**

患智之如目也. 能見百步之外, 而不能自見其睫
(환지지여목야. 능견백보지외, 이불능자견기첩)

지혜가 눈처럼 될까 봐 걱정스럽다.
눈은 백 보 밖은 잘 보지만 정작 자기 속눈썹은 보지 못한다.

「유로편(喩老篇)」

타인에 관해서는 잘 알지만 정작 자신에 관해서는 알기 어렵다. 지혜로운 인간도 자칫 잘못하면 그러기 십상이니 주의하길 바란다는 뜻이다.

이에 한비자는 다음 이야기를 인용했다.

예전에 초나라 장왕(莊王)이 월(越)나라를 공격하려 할 때의 일이다. 이를 안 두자(杜子)라는 중신이 장왕에게 물었다.

"왜 월나라를 공격하시려는 겁니까?"
"그것은 월나라의 정치가 흐트러지고 국력도 약해졌기 때문이다."

이에 두자는 여기서 소개한 눈의 이야기를 하면서 이렇게 말했다.

"지금 우리나라는 전쟁에 막 패하여 국력은 떨어지고 치안도 흐트러져 있습니다. 정치력은 물론 군사력도 어쩌면 월나라보다 못할지 모릅니다. 그런데 굳이 월나라를 공격하려 하시다니요. 인간의 지혜란 눈과 같군요."

이를 들은 장왕은 월나라 공격을 보류했다고 한다.
한비자는 이 이야기를 인용한 후 "故知之難, 不在見人, 在自見(고지지난, 부재견인, 재자견)."이라는 코멘트를 달았는데, 이는 앎의 어려움은 남을 아는 것이 아니라 자신을 아는 데 있다는 뜻이다.
이 이야기에서 『손자』의 그 유명한 명언이 바로 떠오른다.

"知彼知己, 百戰百勝(지피지기, 백전백승)."

싸움에서 이기려면 양쪽의 역량이나 상황을 제대로 파악하고 임하라는 뜻이다. 이는 단지 무기를 들고 싸우는 전쟁뿐 아니라 일상적인 비즈니스에도 딱 들어맞는다. 그런 노력을 게을리한 채 싸움에 임하는 것은 도박이라고밖에 할 수 없다.

한비자에 따르면 '지피(知彼, 남을 알기)'보다 '지기(知己, 나를 알기)'가 더 어렵다고 한다. 이 또한 인간이 가지는 맹점이 아닐까!

이러한 점을 잘 이해하고 대처하지 않으면 자기 손으로 자기 무덤을 파는 격이 될 수 있다.

19. 가지고 싶다면 먼저 주어라

이기고 싶다면 먼저 도와주어라.
가지고 싶다면 먼저 주어라.
將欲敗之, 必姑輔之. 將欲取之, 必姑予之
(장욕패지, 필고보지. 장욕취지, 필고여지)
장차 상대방을 패하게 하려면 반드시 먼저 도와주어라.
장차 취하려고 한다면 반드시 먼저 주어라.

「설림편(說林篇)」

만만치 않은 밀고 당기기가 아닌가! 한비자는 이에 다음과 같은 이야기를 인용했다.

옛날 진(晉)나라의 지백(智伯)이 위선자(魏宣子)라는 사람에게 영토 일부를 나눠 달라고 요구하자, 위선자는 이를 거부하려고 했다. 그러자 임장(任章)이라는 중신이 물었다.

"왜 나눠 주지 않으시는 겁니까?"

이에 위선자는 "줄 이유가 없기 때문이다.'라고 대답했다.

그러자 임장이 말했다.

"지금은 주는 것이 상책입니다. 지백의 욕망에는 끝이 없으니 우리가 영토를 나눠 주면 우쭐해져서 다른 나라에도 똑같이 요구하겠지요. 그렇게 되면 모든 나라가 동맹을 맺어 지백에 대항할 것입니다."

그러면서 임장은 이때 이 문장을 인용했다.

"예로부터 이기고 싶으면 먼저 도와주고, 취하고 싶으면 먼저 주라고 했습니다. 지금은 일단 토지를 주어 지백을 방심하게 만든 후 다른 나라들과 연합하여 대항하는 것이 상책입니다." 이에 위선자는 "알았다."고 대답하고 만호(萬戶)의 영토를 나눠 주었다.

그 후 정세는 임장의 예상대로 움직였다. 결국 연합군의 반격을 받은 지백은 멸망해 버렸고 위선자는 지백에게 나눠 주었던 영토를 되찾을 수 있었다. '취하고자 한다면 먼저 주라.'는 수준 높은 전략이 멋지게 들어맞은 것이다.

생각하건대 이 전략에는 두 가지 목적이 있다.

1. 상대를 방심하게 만든 후 한꺼번에 친다.
2. 상대를 살찌운 후 나중에 통째로 해치운다.

가지려고만 하면 결국 가질 수 있는 것까지 가질 수 없게 된다. 인생의 여러 상황에서 이 전략을 활용할 수 있지 않을까?

한편 이 문제는 반대 입장에서도 생각해 볼 필요가 있다. 이렇다 할 담보도 없는데 거액의 원조를 이끌어 냈다고 해서 좋아할 일만은 아니라는 것이다. 상대방의 속셈을 잘 파악하여 대처하길 바란다.

20. 의지가 안 된다

멀리 있는 물은 가까이에서 난 불을 끄는 데 도움이 안 된다.

遠水不救近火(원수불구근화)
먼 곳의 물은 가까운 곳의 불을 끄지 못한다.

「설림편(說林篇)」

아이가 강에 빠져 허우적거리고 있을 때 먼 월나라까지 가서 도와줄 사람을 불러오려 한다. 월나라 사람들은 분명 수영을 잘하지만 너무 멀어 도저히 시간 안에 도착하지 못할 것이다. 또 불이 났을 때 바다까지 가서 물을 길어오려 한다. 물론 바다에는 물이 많지만 너무 멀어 불을 꺼야 하는 시간 내에 도착하지 못할 것이다.

이처럼 '원수불구근화' 라는 말은 의지할 수 없는 것에 의지하려 할 때의 예로 사용되어 왔다.

한비자는 이에 관해 이런 예를 들었다.

옛날 황하 유역에 '노(魯)'라는 나라가 있었다. 이곳은 공자의 고국으로 유서 깊은 나라였지만, 국력이 약해 동쪽 이웃 나라인 강국 제(齊)나라의 압력에 끊임없이 시달려 왔다.

이에 노나라 국왕은 아들들을 북방의 강국 진(晋)나라와 남방의 강국 초(楚)나라에 보내어 그들의 힘을 빌려 제나라의 압력을 피해보려 했다. 나쁘지 않은 아이디어였다. 하지만 이때 한 중신이 이 '원수불구근화'라는 말을 인용하여 노나라 왕의 방법을 비판했다.

"진나라와 초나라 모두 강국임에는 틀림없지만, 제나라가 두 나라보다 훨씬 가깝습니다. 따라서 제나라의 공격을 받았을 때 설령 지원군을 보내준다 해도 도저히 제시간 안에 도착할 수 없을 겁니다."

진나라, 초나라 모두 노나라에게는 '원수(遠水), 멀리 있는 물'에 지나지 않아 도움이 되지 않는다는 뜻이다. 의지할 수 없는 것에 의지하는 것만큼 바보 같은 일도 없다. 한비자가 하고 싶었던 말도 바로 이런 말이었을 것이다.

노나라 왕이 하려 했던 행동을 비웃을 수만은 없다. 우리 주변에도 이와 비슷한 일들이 많지 않은가! 특히 절박한 순간에 그렇다. 한 줄기 희망을 걸고 의지가 되지 않는 상대에게 도와달라고 부탁한다. 하지만 결과는 허사로 끝나고 만다. 이를 보면 인간학에 관해 너무 모른다고밖에 할 말이 없다.

그렇다면 누구에게 의지하는 게 좋을까? 한비자에 따르면 의지할 곳은 오직 자신뿐이라고 한다. 한비자의 방식은 아무리 힘들고 어려워도 자기 힘을 믿고 자신이 가진 재치를 이용하여 길을 개척해 나가야 한다는 것이다.

21. 우직하길 바란다

신뢰를 얻는 데는 '교사'보다 '졸성'이 낫다.

巧詐不如拙誠(교사불여졸성)

교사는 졸성만 못하다.

「설림편(說林篇)」

여기서 '교사(巧詐)'란 거짓말을 하거나 속임수를 써서 능수능란하게 남을 속이는 것을 의미하고, '졸성(拙誠)'이란 방법은 서툴러도 마음이 담겨 있는 것을 의미한다. 우직하다고 할 정도의 성실함이라 해도 좋다.

한비자는 '교사'보다 '졸성'이 낫다고 이야기했다. 공자가 이런 말을 했다면 너무 공자다운 말이기에 수긍이 가겠지만, 한비자가 이런 말을 했다는 데 의외성이 있다. 이처럼 성악설에 입각한 한비자도 '졸성'의 가치를 인정했다는 사실에 유념해 주길 바란다.

'교사'는 일시적으로 남의 눈을 속여 표면을 감출 수 있을지 모른다. 하지만 이러한 속임수나 사기는 아무리 잘 꾸미려고 해도 언젠가 반드시 들통이 나게 되고 그 결과 주위 사람의 신뢰를 잃어 무슨 일을 해도 사람들이 상대해 주지 않게 된다. 그런 점에서 '졸성'은 수수하고 눈에 띄지는 않지만 서서히 사람의 마음을 사로잡는다.

이 차이는 크다.

어떤 의미에서 보면 현대는 '교사'가 인기를 끄는 시대다. 사기성 짙은 상법이나 법망을 교묘히 빠져나가는 위장공작 등 너무 많아 일일이 셀 수 없을 정도다.

물론 이런 힘든 시대를 살아가기 위해서는 그 나름의 계산이나 협상도 터득해야 한다. 또 다른 사람에 더한 경계심도 필요할지 모른다. 그러지 않고서는 그저 사람 좋은 걸로 끝나고 만다.

단 정도가 심해져 '교사'에 이를 지경이 되어 버린다면 이는 분명 너무 지나치다. 무슨 일을 하든 그 바탕에 '졸성'이 있을 때 비로소 주위 사람의 신뢰를 얻을 수 있다는 사실을 잊어서는 안 된다.

그래서 생각하건대 예전 일본인의 좋은 점은 우직하다고

할 정도의 성실함이 아니었던가! 특히 제조업이 그렇다. 지금도 제조 현장에 가 보면 이를 실감할 수 있다. 제조 현장에서는 속임수나 날림은 용납되지 않는다. 적은 이익을 착실하게 모아 오늘날 일본의 번영을 구축해 왔다.

이것이야말로 선인들이 남겨준 일본인의 보물이 아닐까!

22. 통찰력을 갈고닦아라

**희미한 징후에서 사물의 움직임을 파악하고,
사소한 단서에서 사태의 전말을 예견한다.**
見微以知萌, 見端以知末(견미이지맹, 견단이지말)
기미를 보고 싹트는 것을 알고, 실마리를 보고 그 끝을 안다.
「설림편(說林篇)」

한비자가 이런 이야기를 했다.

옛날 은(殷)왕조에 주왕(紂王)이라는 군주가 있었다. 주왕은 '주지육림(酒池肉林, 술이 연못을 이루고 고기가 숲을 이룬다는 뜻으로 호화롭고 사치스런 주연을 비유하는 말-역주)'의 사치에 빠져 신하나 백성들의 분노를 사기에 이르렀고, 결국 자신을 망치고 나라를 망하게 한 전형적인 폭군으로 알려져 있다.

그 주왕이 처음 상아로 젓가락을 만들었을 때 기자(箕子)

라는 중신은 내심 우려했다. 그는 다음과 같이 생각했다고 한다.

'상아로 만든 젓가락을 사용하기 시작하면 국을 담는 그릇도 소박한 토기가 아닌 무소뿔이나 옥으로 만들게 된다. 그렇게 훌륭한 그릇을 사용하기 시작하면 먹는 요리도 콩이나 채소처럼 소박한 음식이 아닌 천하진미를 구하게 된다. 천하진미를 입에 대기 시작하면 소박한 작업복을 입고 이엉으로 지붕을 이은 집에서 사는 것이 아닌 눈부시게 화려한 비단옷을 입고 멋진 궁전에서 살고 싶어질 것이 틀림없다. 이렇게 계속해서 상아로 만든 젓가락에 어울리는 것을 찾아가다 보면 천하의 부를 다 모아도 여전히 부족할 것이다.'

기자가 우려했던 대로 주왕의 사치는 점점 더 심해져 갔다. 그리고 그 결과 자신은 물론 나라까지 멸망시키고 말았다.

이 이야기 뒤에 한비자가 단 코멘트가 바로 여기에서 소개한 문장이다. '성인처럼 뛰어난 인물은 아주 희미한 징후에서 사물의 움직임을 파악하고, 아주 작은 단서에서 사태의 전말을 예견한다. 기자가 상아로 만든 젓가락을 보고 우려했던 이유는 결국엔 주왕이 천하의 부를 다 모아도 부족해질 것을 예견했기 때문이다.' 라는 뜻이다.

기자의 통찰력이 어느 시대에나 힘든 현실을 살아가는 데 없어서는 안 될 것이라는 점은 말할 필요도 없다. 통찰력이 없으면 되는 대로 살게 되므로 아무리 시간이 흘러도 두각을 나타내지 못할 것이다.

특히 현대는 시대의 변화 속도가 매우 빠르다. 그래서 멍하니 넋 놓고 있다가는 금세 시대의 흐름에 뒤처지고 만다. 이러한 시대이기에 더욱 인간을 파악하고 시대를 읽을 수 있는 통찰력이 필요하고, 이에 관한 공부를 게을리해서는 안 된다.

23. 다른 사람의 비밀을 알게 되면

다른 사람의 비밀을 알게 되면 자신에게 좋지 않다.

知淵中之魚者不祥(지연중지어자불상)

연못 속 고기를 너무 자세히 알면 상서롭지 않다.

「설림편(說林篇)」

태공망(太公望)이 제후로 봉해졌던 '제(齊)'라는 나라는 훗날 명재상 관중의 등장으로 패자(霸者)가 되어 천하를 호령하기에 이르렀으나, 시간이 흘러 전국시대 초에는 중신인 전(田) 씨에게 나라를 빼앗기고 만다. 그래서 그 이후 시대를 '전제(田齊)'라 부르기도 한다.

이 전 씨가 왕위에 대한 야망을 불태우기 시작했을 때쯤의 이야기인 듯하다. 전 씨 집 옆에는 역시나 중신인 습사미(隰斯弥)라는 사람의 저택이 있었다고 한다.

어느 날 습사미가 무언가 볼 일이 생겨 전 씨의 저택을 방문했다. 그러자 전 씨는 그를 높은 전각으로 안내하여 같이 사방을 내려다보았다. 그런데 세 방향의 시야는 가리는 것 하나 없이 뚫려 있었으나, 남쪽 방향만은 습사미 저택에 서 있는 나무에 가려 전망이 좋지 않았다.

전 씨가 습사미에게 뭐라 이야기한 것은 아니지만, 습사미는 집에 돌아오자마자 그 나무를 베도록 명령했다. 하지만 두세 번 도끼를 내려치려던 그 순간 갑자기 "멈춰라!"라고 명령했다.

집사가 이상히 여겨 "나무를 베라 하시는가 싶더니 이번엔 베지 말라 말씀하시니 도대체 무슨 일입니까?"

습사미는 "'지연중지어자불상'이라는 속담도 있지 않더냐?" 하더니 다음과 같이 말했다.

"전 씨는 오래전부터 왕을 없애려고 일을 꾸미고 있다. 조금이라도 이를 알고 있다는 낌새를 보이면 내가 위험해진다. 나무는 베지 않아도 죄가 되지 않지만, 상대방이 입에 담지도 않은 것까지 알아챘다면 어떤 죄를 뒤집어씌울지 알 수 없지 않느냐?"

습사미가 너무 앞서 나간 것일까? 그렇지 않다. 어쨌든 전 씨는 실력자다. 조금이라도 그의 의혹을 살 만한 행동을 한다면 언제 목이 날아갈지 모른다.

앞서 한비자는 '처지즉난야(處知則難也)', 즉 알고 난 후에 어떻게 대처하느냐가 어렵다고 이야기했다. 하물며 습사미가 알아챈 것은 극비 정보이니 더욱더 신중한 대처가 요구되었을 터이다.

한비자는 정치계뿐 아니라 권모술수가 소용돌이치는 세상에서 자신의 안전을 도모해 나가고자 한다면 이 정도의 주의는 당연하다고 이야기한다.

24. 능력을 자랑하지 마라

**뛰어난 능력이 있어도 이를 자랑하지 않으면
어디에 가더라도 손가락질 받을 일은 없다.**

行賢而去自賢之心, 焉往而不美(행현이거자현지심, 언왕이불미)

현명하게 행동하면서 스스로 현명하다는 마음을 버리면
어디를 가더라도 아름답다 여겨질 것이다.

「설림편(說林篇)」

양자(楊子)라는 학자가 동쪽 지방을 여행할 때 송(宋)나라의 한 여관에 묵게 되었다고 한다. 거기에는 식사 시중을 드는 두 명의 여성이 있었는데, 가격을 물어보니 못생긴 여성은 비싸고 아름다운 여성은 쌌다.

이상하게 여긴 양자가 그 이유를 물었더니 여관 주인이 말했다.

"아름다운 아이는 자신의 아름다운 용모를 내세워 손님 접대가 엉망입니다. 그러다 보니 손님들이 싫어해요. 이래서는 모처럼 타고난 아름다움도 장사에 활용할 수가 없습니다. 반면 못생긴 아이는 자신의 못생김을 어떻게든 메워 보려고 정중하게 손님을 대접합니다. 그러니 오히려 손님들이 좋아해서 못생겨도 전혀 장사에 영향을 미치지 않지요."

이 대답을 듣고 난 후 양자가 제자들에게 들려준 이야기가 바로 여기서 소개한 문장이다. '능력이 있는 자일수록 겸손하라.' 는 뜻이다.

"인간이여, 겸손하라!"라는 말은 다른 고전도 한결같이 강조하는 미덕이긴 하지만, 한비자까지 이에 관해 이야기했다는 데 더 특별한 의미가 있을지도 모른다.

그런데 능력이 있으면서 겸손하게 행동하기란 의외로 어렵다. 특히 젊었을 때 더욱 그렇다.

예를 들어 기업사회의 인간모습을 보자. 30대쯤 "저 녀석은 일을 잘해. 전도유망해!"라는 평가를 받던 인물이 대성하지 못한 채 어딘가로 사라져 가는 케이스가 적지 않다. 생각하건대 어설프게 일 좀 할 줄 아는 사람은 그런 느낌을 자기도 모르게 얼굴이나 태도에 드러내고 만다. 이것이 주위 사람의 반발을 사 중요한 순간에 발목을 잡는 것은 아닐까? 만약 그렇다면 이보다 한심할 수는 없다.

원래 능력이 있다는 것은 그 사람에게는 혜택 받은 조건이다. 그러니 당연히 자신감을 가지고 자랑거리로 삼아도 좋다. 아니 당연히 삼아야 한다. 단 가슴 안쪽 깊숙한 곳에 철저히 숨겨 두길 바란다. 이것이 조직 속에서 성장해 나갈 수 있는 비결이다.

25. 내부결속을 다져라

나라의 안위는 바른 정치를 펼치고 있느냐 없느냐에 달려 있지 국력의 강하고 약함과는 관계가 없다. 국가의 존망은 제대로 된 대비가 있느냐 없느냐에 달려 있지 병력의 많고 적음과는 관계가 없다.

安危在是非, 不在强弱. 存亡在虛實, 不在衆寡
(안위재시비, 부재강약. 존망재허실, 부재중과)
나라의 안위는 옳고 그름에 달려 있지 강하고 약함에
달려 있지 않다. 국가의 존망은 허실에 달려 있지
수의 많고 적음에 달려 있지 않다.

「안위편(安危篇)」

여기서 말하는 바른 정치란 법을 관철시켜 상벌을 명확히 구분하는 한비자식 정치를 의미한다. 한비자는 이렇게 정치를 하면 나라를 확실히 통제할 수 있어 비록 약국이라 해도 무사태평한 반면, '좋아, 좋아.' 하며 담합의 정치를 펼치면 아무리 강국이라 해도 위험에 처한다고 이야기했다.

그렇다면 '허실(虛實)'이란 무엇을 뜻하는 것일까? 병법 용어에 따르자면 '허'란 전력이 허술한 상태, '실'이란 전력이 충분한 상태를 의미한다. 따라서 '허실'이라는 두 글자로 전력이 충분한지 허술한지, 나아가 내부 결속력이 강한지 약한지를 나타낼 수 있다. 한비자는 이것이 국가존망의 관건이지 병력의 많고 적음은 그다지 문제가 되지 않는다고 이야기했다.

병사 수가 아무리 많아도 의욕이 없는 부대는 그저 오합지졸에 불과하다는 것은 분명한 사실이다.

물론 한비자식 정치에 관해서는 이견(異見)이 있을 수 있다. 하지만 어쨌든 정치가 확실히 기능하고 국가 내부의 결속력도 강해야 적에게 파고들 틈을 주지 않고, 웬만한 외압쯤은 의연하게 물리칠 수 있을 것이다. 만약 그렇다면 정치의 좋고 나쁨이 국가 '존망'의 관건이 되는 셈이다.

지금의 일본 정치는 어떨까? 최근 수십 년 동안 다른 나라들과 비교했을 때 훨씬 평화롭고 안정된 생활을 누려 왔다는 사실에는 감사해야 한다. 하지만 한 꺼풀 벗겨 놓고 보면 일본 내부는 다 제각각이다. 따라서 국가로서의 결속력이 부족하다. 주변국가가 조금만 목청을 높여도 금세 허둥지둥 사과하기를 반복해 왔다. 국가로서의 주체성이 너무 없다. 애당초 국가의 보호를 외국에 맡기고 있으니 독립국이라 말할 수 없지 않을까? 이대로라면 국민의 기개도 점점 사라져갈 뿐이다.

기업은 어떨까? 조직이 커지면 통제가 안 되고 활력도 떨어진다. 이를 어떻게 돌파해 나갈 것인가? 제대로 된 경영이념이 있고 내부 결속력도 강하다면 아직 성장의 여지는 있다고 할 수 있다.

26. 거짓말도 진실이 된다

**세 명이 입을 모아 "마을에 호랑이가 나타났다!"고
말하면 나오지 않은 호랑이까지 나온 셈이 된다.**

三人言而成虎(삼인언이성호)
세 사람이 말하면 호랑이도 만든다.

「내저설편(內儲說篇)」

반복효과라 해야 할까? 같은 말을 반복적으로 하다 보면 거짓도 진실이, 없던 일도 있었던 일이 되어 버린다는 뜻이다. 그 예로 한비자는 다음과 같은 이야기를 인용했다.

옛날에 위(魏)나라의 방공(龐恭)이라는 중신이 태자와 함께 조(趙)나라의 수도 한단(邯鄲)에 인질로 가게 되었다. 출발할 때 그가 위나라 왕에게 말했다.

"누군가가 마을에 호랑이가 나타났다고 하면 믿으시겠습니까?"

"그런 이야기를 믿겠는가?"

"한 사람이 아니라 두 사람이 그렇게 말한다면 믿으시겠습니까?"

"아니, 믿지 않겠네."

"그렇다면 세 사람이 입을 모아 똑같은 말을 한다면 어떻겠습니까?"

"음, 그렇다면 믿겠지!"

방공은 때를 놓치지 않고 이야기했다.

"마을에 호랑이가 나타나지 않는다는 것은 너무나 당연한 이야기입니다. 그런데도 왕께서는 세 사람이 똑같은 이야기를 하면 믿으시겠다 말씀하셨습니다. 제가 가는 한단은 이곳에서 멀리 떨어진 곳! 그런 먼 곳으로 떠난 저에 관해 제가 자리를 비운 사이 이러쿵저러쿵 비난할 사람은 3명 정도가 아닐 것입니다. 부디 이 점을 잊지 말아 주십시오."

방공은 귀에 딱지가 앉을 정도로 못을 박은 후 떠났다. 하지만 결국 한단에서 돌아온 그는 두 번 다시 왕을 알현할 수 없었다고 한다. 그의 우려가 현실이 된 것이다. 아마도 이는 그에 관한 온갖 비난과 중상이 있는 일 없는 일 다 반복적으로 위나라 왕의 귀에 흘러 들어가다 보니 위나라 왕이 이를 진실로 받아들인 결과임이 틀림없다.

이러한 반복효과는 현대에서도 끊임없이 사용되고 있다. 예를 들어 최근 이웃 나라에서 여러 차례 제기되어 온 일본을 폄하하는 정치적 발언들이 그렇다. 일본은 그때마다 사실도 확인하지 않은 채 오로지 사죄를 거듭해 왔다. 그 결과 있지도 않은 일이 마치 있었던 것처럼 전 세계로 확산되어 갔다. 이것이 얼마나 일본의 명예와 국익을 해쳐 왔는지 모른다.

실로 두려운 것이 '그랬지, 그랬어!' 라고 점점 더 강하게 말하는 반복효과다.

27. 죽임을 당할 것을 안다면

**반드시 죽임을 당할 것을 안다면
천하를 주겠다고 해도 달려드는 자가 없다.**

知必死, 則天下不爲也(지필사, 즉천하불위야)
반드시 죽는다는 것을 알면 천하도 가지려 하지 않는다.

「내저설편(內儲說篇)」

목숨과 맞바꿔야 한다면 그 어떤 상을 준다 해도 수지가 맞지 않는다는 뜻이다.

한비자는 이런 이야기를 인용했다.

형남(荊南)지방의 여수(麗水)라는 강에서 금이 나오자, 그 금을 몰래 채취하는 자들이 많았다. 하지만 금 채취는 법으로 엄격하게 금지되어 만약 잡히면 시장에서 책형(磔刑, 죄인을 기둥이나 판자에 묶고 창으로 찔러 죽이던 형벌-역주)에 처해졌다.

실제로 많은 사람들이 책형에 처해져 그 시체로 강물이 막힐 정도였지만, 그래도 금을 몰래 채취하려는 자가 끊이질 않았다.

이렇게 시장에서 책형에 처해질 정도로 엄한 형벌이 있었는데도 금을 훔치는 자가 끊이지 않았던 이유는 혹시라도 잡히지 않을 가능성이 있었기 때문이다.

가령 지금 "너에게 천하를 줄 테니 그 대신 네 목숨을 달라."는 말을 들었다고 치자. 이런 이야기에 달려들 바보는 없다. 물론 천하를 얻을 수 있다면 이는 분명 큰 이익이다. 하지만 반드시 죽임을 당한다는 사실을 알기에 그 누구도 이 이야기에 달려들지 않는다.

즉 정리해서 말하자면 이렇다.

"혹시라도 잡히지 않을 가능성이 있다면 책형에 처해질 위험을 감수하고라도 금을 훔치려는 자가 끊이지 않는다. 하지만 반드시 죽임을 당할 것을 안다면 천하를 다 준다고 해도 달려들 자가 없다."

한비자가 이 이야기를 통해 하고자 했던 말은 명백하다. 즉 법에 빠져나갈 구멍을 만들지 말라는 것이다.

원래 한비자의 지론은 법의 확립이다. 그는 일단 법을 만들어 상벌 구분을 명확히 한 후 이를 가차 없이 적용할 때 비로소 나라를 통제할 수 있다고 이야기했다.

하지만 이렇게 중요한 법이 빠져나갈 구멍이 가득한 허술한 법이라면 나라를 통제하기는커녕 오히려 혼란을 초래하는 근원이 될지도 모른다. 한비자는 이를 경고한 것이다.

물론 한비자라고 해서 사형을 장려했던 것은 아니다. 단 법에 비추어 봤을 때 지은 죄가 사형에 처해 마땅하다면 그 적용을 망설여서는 안 된다는 것이었다.

28. 충성에 의지하지 마라

**신하가 등 돌리지 않기를 기대하지 마라.
등 돌리고 싶어도 등 돌릴 수 없는 태세를 갖추어라.**
不恃其不我叛也. 恃吾不可叛也(불시기불아반야. 시오불가반야)
자신을 모반하지 않기를 바라지 않는다.
모반할 수 없는 나이기를 바란다.

「외저설편(外儲說篇)」

진(晋)의 문공 중이(重耳)가 나라를 도망쳐 망명 중일 때의 일이었다. 기정(箕鄭)이라는 가신이 도시락을 들고 같이 움직이고 있었는데, 길을 잃어 일행과 떨어지고 말았다. 기정은 배가 고파 눈물이 날 정도로 힘들었지만 밤새 꾹 참으며 도시락에 손을 대지 않았다.

이윽고 나라로 돌아간 문공은 왕위에 올라 원(原)을 공격했다. 이때 문공은 "배가 고파 힘들어도 이를 꾹 참고 도시락에 손도 대지 않은 녀석이다. 기정에게 원의 성을 맡겨도 나에게 등 돌릴 일은 없을 것이다."라며 기정을 원의 장관으로 임명했다.

이를 들은 운헌(運軒)이라는 중신이 다음과 같이 말했다.

"도시락에 손을 대지 않을 정도로 의리 있는 사람이라서 원의 성을 맡겨도 자신에게 등 돌릴 일은 절대 없을 거라 생각하다니 '술(術)'에 관해 몰라도 너무 모른다."

이는 문공의 낙관적인 인간관에 우려를 나타낸 것이었다.

한비자는 이 이야기를 소개한 후 다음과 같은 코멘트를 달았다.

"신하가 등 돌리지 않기를 기대하지 말고 등 돌리고 싶어도 등 돌릴 수 없는 태세를 갖춘다. 신하가 속임수를 쓰지 않기를 기대하지 말고 속임수를 쓰려 해도 쓸 수 없는 태세를 갖춘다. 이것이 가능할 때 비로소 명군이라 할 수 있다."

한비자에 따르면 신하의 충성심에 기대는 것은 안이하다고 한다. 그렇다면 어떻게 해야 등 돌리고 싶어도 등 돌릴 수 없는 태세를 갖출 수 있을까? 이때 필요한 것이 바로 여기서 중신이 말한 '술'이다. '술'이란 군주가 마음속 깊이 숨겨 두고 신하를 조종하는 노하우 같은 것인데, '술'의 내용은

1. 속임수를 용납하지 않는 엄격한 근무평정과
2. 상벌 권한의 직접 행사로 구성된다.

즉 '술'은 권력의 핵심을 확실히 휘어잡아 조용히 압력을 가하는 방식을 뜻한다. 과연! 이렇게만 된다면 신하로서 쉽게 등 돌리기는 어려울 듯하다.

29. '술(術)'로 다스려라

'술'을 사용하지 않고 다스리려 하면 삐쩍 마를 정도로 아등바등해도 노력한 만큼의 효과가 나지 않는다.
無術而御之, 身雖瘁臞, 猶未有益(무술이어지, 신수췌구, 유미유익)
술 없이 다스리려 하면 자신의 몸이 쇠약해지도록 고생해도
여전히 이익이 없는 것과 같다.

「외저설편(外儲說篇)」

전항에 등장한 '술(術)'에 관해 조금 더 보충하도록 하겠다. 일단 이야기부터 들어보자.

공자의 제자인 복자천(宓子賤)이 노나라의 단보(單父)라는 마을에서 촌장을 지내던 때의 일이다. 어느 날 유약(有若)이라는 선배격인 공자의 제자가 복자천을 보고 말을 걸었다.

"자네 왜 이리 말랐는가?"

이에 복자천이 대답하기를 "노나라 왕께서 저의 어리석음을 모르시고 선부의 촌장으로 임명해 주셨는데, 관청 일이 바쁘고 이것저것 신경 쓸 일이 많아 이렇게 살이 빠지고 말았습니다."

그러자 유약이 말했다.

"예전에 순(舜)이라는 황제는 다섯 줄의 거문고를 타면서 '남풍(南風)'이라는 노래를 읊조리며 정치를 했는데도 천하를 잘 다스렸다고 하네. 그런데 자네는 이런 작은 마을 하나 다스리면서도 머리를 끙끙 앓고 있으니 천하라도 다스리라고 하면 도대체 어떻게 할 생각인가?"

한비자는 이 이야기를 소개한 후 다음과 같은 코멘트를 붙였다.

"'술(術)'로 다스리면 자신은 마치 아가씨처럼 얌전히 조정에 앉아만 있어도 나라를 잘 다스릴 수 있다. 반면 '술' 없이 나라를 다스리려 하면 삐쩍 마를 정도로 아등바등해도 그만큼의 효과를 낼 수 없다."

작은 마을의 촌장이라 해도 한 조직의 장이다. 그런 위치에 있는 자가 작은 일까지 일일이 직접 처리해서는 몸이 몇 가라도 부족하다. 그렇기에 일은 각각의 담당자에게 맡기는 것이다. 단 그냥 맡겨 두기만 한다면 좋지 않은 일을 꾸미는 자가 나타나고, 속임수나 거짓말도 막을 수 없다. 그래서 필요한 것이 바로 '술'이다.

이러한 최고경영자의 상(像)은 다른 사람들 위에 멍하니 앉아 있는 것처럼 보일지도 모른다. 하지만 실은 모르는 척하고 있을 뿐 권력을 확실히 휘어잡고 있어 조직 구석구석까지 장악하고 있는 것이다. 이 어찌 매력적인 최고경영자상이 아니라 할 수 있겠는가!

30. 남에게 기대지 마라

남보다는 자신에게 기대라

恃人不如自恃也(시인불여자시야)

남에게 기대는 것은 자신에게 기대는 것만 못하다.

「외저설편(外儲說篇)」

노나라에 생선을 무척이나 좋아하는 공의휴(公儀休)라는 재상이 있었는데, 이를 알게 된 노나라 사람들이 앞다투어 생선을 사다 그에게 바쳤다고 한다. 하지만 그는 일체 받으려 하지 않았다. 보다 못한 동생이 물었다.

"형님은 생선을 좋아하시잖아요? 그런데 왜 거절하시는 겁니까?"

이에 공의휴는 다음과 같이 대답했다고 한다.

"좋아하니까 더더욱 거절하는 것이네. 생선을 받으면 감사 인사 한 마디라도 해야 하지. 그러다 결국에는 생선을 준

상대를 위해 법을 억지로 바꾸려 할 수도 있게 된다네. 그런데 그런 일을 했다가는 그 즉시 면직이네. 그리고 면직을 당하면 아무리 생선을 좋아한다고 해도 그 누구 하나 나에게 생선을 보내지 않을 걸세. 게다가 직접 사서 먹지도 못하게 되겠지. 반면에 지금 이렇게 생선을 받지 않으면 면직 당할 일도 없으니 내가 좋아하는 생선을 언제든 사 먹을 수 있지 않겠는가?"

한비자는 이 이야기를 한 후 다음과 같은 코멘트를 붙였다.

"이 이야기를 통해서도 알 수 있듯이 남에게 기대기보다는 자신에게 기대야 하고, 다른 사람의 힘에 기대기보다는 자기 힘으로 처리해야 한다."

한비자에 따르면 인간은 이익에 따라 움직이는 생물로 언제 어떻게 돌아설지 알 수 없어 어차피 신뢰할 수 없다고 한다. 이러한 인간관에 입각한다면 다른 사람에게 기대는 것은 바브 같은 일이다. 그러니 무슨 일이 일어나도 자신을 믿고 자기 힘으로 해결해 나가는 수밖에 없다.

한비자가 머릿속에 그린 인간상은 어떤 의미에서 보면

매우 고독하다. 그래서 어지간히 강인한 정신력의 소유자가 아니면 한비자의 방식을 관철시키기 어려울지 모른다.

하지만 이를 좋은 방향으로 활용한다면 독립자존(獨立自存, 남에게 의존하거나 속박되지 아니하고 홀로 서서 자기 존재와 인격을 스스로 지킨다-역주)의 정신으로도 연결된다. 자신이 한 일은 자신이 책임지고 떠맡아야 한다. 이야말로 응석 부리고 응석을 받아 주는 끈적끈적한 인간관계보다 훨씬 남자다운 삶의 방식이 아닌가!

자기 운명은 자기 손으로 개척해 나간다는 각오가 요구된다 할 수 있다.

31. 더러운 수법도 불사한다

전쟁터에서는 속임수를 쓰지 않을 수 없다.

戰陣之間, 不厭詐僞(전진지간, 불염사위)
전쟁 중에는 속임수를 마다치 않는다.

「난편(難篇)」

여기서 '사위(詐僞)'란 거짓말을 해서 속이는 것, 즉 속임수를 뜻한다. 한비자는 전쟁터에서는 이런 수법도 용납된다, 아니 전혀 꺼릴 것 없으니 마구 사용해도 좋다고 이야기했다.

이 문장을 보면 『손자』의 "兵者詭道也(병자궤도야)", "兵以詐立(병이사립)"이라는 명언이 바로 떠오른다. 여기서 '궤도(詭道)'나 '사(詐)'란 무엇을 의미하는 것일까? 『손자』에 따르자면 이렇다.

"예를 들어 할 수 있는데 못 하는 척하고, 필요한데 필요하지 않은 척한다. 멀어지는 척하다 가까이 가고, 가까이 가는 척하다 멀어진다. 상대방이 유리하다고 착각하게 만들어 유인해 놓고는 혼란스럽게 만들어 무너뜨린다. 적이 견고하면 뒤로 물러나 수비를 다지고, 적이 강력하면 전쟁을 피한다. 일부러 도발하여 힘을 빼놓고, 저자세로 나가 방심하게 한다. 충분히 휴식을 취한 적을 바삐 움직이게 하여 지치게 만들고, 일치단결한 적은 이간질한다. 적의 허술함에 파고들고, 적의 의표를 찌른다."

즉 적의 눈을 속여 판단을 흐리게 만드는 방책이 '궤도'이자 '사'인 듯하다. 『손자』에 따르면 이러한 방책을 임기응변으로 잘 이용하는 것이 승리의 관건이 된다고 한다.

한비자가 말하는 '사위'도 이에 가깝다.

어쨌든 전쟁에는 국가의 존망이 걸려 있다. 따라서 전쟁을 시작한 이상 이겨야 한다. "더러운 방책은 쓰고 싶지 않다." 등의 사치 따위는 용납되지 않는다. "그건 속임수다.", "우릴 속여서 골탕먹였다." 등의 비난은 감수해야 한다. 문제는 결과다. 일본 속담 중에 "이기면 관군(무슨 일이든 강한 자나 마지막에 이긴 자가 정의라는 뜻-역주)"이라는 말이 있다. 즉 어떤 전쟁에서든 마지막에 웃는 자가 승리자다.

　인생도 전쟁이라 말하는 사람이 있다. 분명 그런 일면이 있다는 사실은 부정할 수 없다. 만약 그렇다면 언제 어디서 누가 어떤 수법을 쓸지 알 수 없다. 특히 자신이 경쟁 무대에 있다면 상대방이 더러운 수법도 태연하게 쓸 수 있다는 사실을 각오해 두어야 한다.
　이때 상대방이 쳐 놓은 속임수에 쉽게 빠져버린다면 그걸로 끝이다. "더러운 수법!"이라고 아무리 외쳐도 아무 소용 없다.
　따라서 그렇게 되지 않으려면 '사위'의 수법 정도는 일단 터득해 두기를 바란다.

32. 평범한 군주도 감당할 수 있다

스스로 고생을 마다치 않고 덕으로
백성을 감화시키는 정치는 요순(堯舜)과 같은
성천자에게도 벅찬 일이었다.
반면 권력의 핵심만 꽉 잡고 신하를 대하면
평범한 군주라도 쉽게 나라를 다스릴 수 있다.

以身爲苦而後化民者, 堯舜之所難也. 處勢而令下者, 庸主之所易也
(이신위고이후화민자, 요순지소난야. 처세이령하자, 용주지소이야)
스스로 고생을 하여 훗날 백성을 감화시키는 것은
요순도 어려워하는 바다. 반면 세력으로 아랫사람에게
명령하는 것은 평범한 군주도 쉬워하는 바다.

「난편(難篇)」

이어 한비자는 이렇게 말했다.

"천하를 다스리는 데 평범한 군주도 쉽게 실행할 수 있는 방법이 있는데 이를 도입하지 않고 굳이 요나 순과 같은 성천자조차 실현할 수 없었던 정치를 펼치라고 주장한다. 이런 것을 주장하는 자들에게는 도저히 정치를 시킬 수가 없다."

이는 공자가 주창한 정치철학을 염두에 두고 한 말이다. 공자는 일단 위정자가 덕을 습득하여 이를 아랫사람들에게까지 전파해 나간다면 자연스럽게 세상이 잘 다스려질 것이라는 '덕치주의'를 주장했다.

공자의 주장은 공자의 주장대로 버리기 어렵다. 이상적으로는 꼭 그랬으면 좋겠다.

하지만 한비자는 "그런 방법은 너무 이상적이어서 실효성이 떨어진다. 그보다는 누구나 할 수 있는 간단한 방법이자 훨씬 효과적인 방법이 있다. 다름 아닌 '처세이령하자(處勢而令下者)' 식 방법이다."라고 이야기했다.

'처세(處勢)'란 권력의 핵심이라 할 수 있는 상벌 권한을 확실히 휘어잡고 '술(術)'을 구사하여 신하들에게 압력을 가하는 상태를 의미한다. 과연! 이렇게 하면 조직의 말단에게까지 명령을 관철시켜 신하들을 벌벌 떨게 하거나 길들일 수 있어 마음먹은 대로 부릴 수 있다. 이것이 한비자가 주장한 정치로, 현실 정치의 관점에 입각해 보면 그 나름 설득력이 있다는 점은 인정해도 좋을 듯하다.

단 한비자의 방식에도 문제는 있다. 분명 이 방식으로 한다면 신하를 제압할 수 있을지는 모른다. 하지만 이렇게 되면 상황은 점점 사상을 통제하는 방향으로 흘러가게 될 것이고, 그 결과 섬기는 입장에서 보면 하고 싶은 말도 자유롭게 못하고 생활하는 것조차 숨 막히게 될지 모른다.

33. 즐거움이 화가 된다

군주에게는 아무런 즐거움이 없다. 아니다!
단 한 가지 즐거움은 있다.
바로 하고 싶은 말을 다 해도
누구 하나 반대하는 자가 없다는 것이다.
莫樂爲人君, 惟其言而莫之違(막락위인군, 유기언이막지위)
군주에게는 즐거움이 없다.
다만 무슨 말을 해도 그 말을 거스르는 자가 없을 뿐이다.

「난편(難篇)」

이는 진(晉)의 평공(平公)이라는 왕이 연회 자리에서 술에 취해 무심코 내뱉은 말이라고 한다. 현대의 최고경영자에게도 들어맞을 법한 말이 아닌가!

물론 '막락(莫樂), 즐거움이 없다.'는 말을 액면 그대로 받아들일 수는 없다. 실제로 이런저런 구실을 만들어 어떻게

든 그 자리에 계속 앉아 있으려는 최고경영자들이 얼마나 많은가! 이는 역시 최고경영자의 자리에 그만큼 매력이 있기 때문임이 틀림없다.

하지만 '막락'이라 말하고 싶어지는 기분 또한 이해할 수 없는 것은 아니다.

첫째, 책임이 막중하다.

둘째, 고독하다.

때로는 고독 속에서 조직의 운명을 좌우할 만한 결단에 내몰리기도 한다. 그 중압감이란 이만저만한 것이 아니다. 이를 생각하면 최고의 자리란 마음 편하게 떠맡을 수 있는 지위가 아니라는 점을 잘 알 수 있다. 심지어는 인간으로서의 즐거움조차 희생해야 하는 경우도 많을 것임이 틀림없다.

단, 이를 보상하고도 남을 즐거움이 바로 '언이막지위(言而莫之違), 무슨 말을 해도 거스르는 자가 없다.'이다.

어쨌든 최고경영자에게는 권력이 있다. 그래서 다소 무리한 명령을 내려도 부하직원들은 따를 수밖에 없다. 이는 '무리가 통하고 정당한 도리는 꼬리를 내리는 상황'으로, 인간으로서 이렇게 기분 좋은 일은 없다.

누구나 최고의 자리에 서면 그 자리가 좋아 떠나고 싶지 않은 마음이 강해질 것이다. 이는 쉽게 상상이 된다. 특히 평범한 인간일수록 이런 유혹을 뿌리치기 힘들지 않을까? 바로 여기에 최고경영자의 함정이 있다고 해도 과언이 아니다.

원래 최고경영자로 뽑히는 이유는 능력이나 인격 모두 뛰어나기 때문일 것이다. 그저 평범하기만 한 사람이라면 최고경영자로 뽑힐 리가 없다. 그리고 최고경영자로 처음 뽑혔을 때에는 누구나 나름 긴장하여 일에 임한다. 하지만 그 지위어 익숙해질수록 기골 있는 사람을 점점 멀리하게 되어 주위에는 예스맨만 우글우글해진다.

따라서 '언이막지위'는 최고의 자리에 있는 자에게는 위험신호다.

34. 위험으로부터 몸을 피한다

**현명한 인물은 위험을 알아차리고 몸을 피한다.
그렇기에 화를 당할 일이 없다.**

智者知禍難之地, 而辟之者也. 是以身不及於患也
(지자지화난지지, 이피지자야. 시이신불급어환야)
'지자' 란 재난의 위험성을 알아차려 이를 피하는 자다.
그래서 그 몸은 재난을 당하지 않는다.

「난편(難篇)」

이런 이야기가 있다.

폭군이라 불리는 은나라 주왕이 천하를 다스릴 때의 일이다. 제후 중 한 사람이었던 주의 문왕(文王)이 눈부신 치적을 올려 주왕의 미움을 샀다. 이대로 있다가는 자기 몸이 위험하다고 판단한 문왕은 어떻게 했을까? 주왕의 노여움을 달래기 위해 광대한 영토를 바치고는 "아무쪼록 폭정은 이제 그만 하십시오!"라고 청원했다고 한다. 이로써 문왕의 명성과 인망은 더욱 높아졌다.

훗날 공자는 이때 문왕의 방법을 "智哉文王, 出千里之地而得天下之心(지재문왕, 출천리지지이득천하지심).", 지혜로운 문왕이 천 리 땅을 버리고 천하 민심을 얻었다며 극찬했다. 다시 말해, '멋지게 해냈다.'는 뜻이다.

하지만 한비자는 이러한 공자의 견해에 이의를 제기했다. "仲尼(孔子), 以文王爲智也, 不亦過乎(중니(공자), 이문왕위지야, 불역과호).", 즉 공자는 문왕을 지혜로운 사람이라 생각한 모양인데, 이는 잘못된 생각이라는 것이다. 그 이유에 관해서 여기 소개한 문장이 등장한다.

한비자의 견해는 이렇다.

"원래 문왕은 민심을 얻었기에 주왕의 미움을 샀다. 그런데 문왕은 토지를 바쳐 주왕의 폭주를 막으려 했다. 이런 행동을 하면 문왕은 더욱 민심을 얻어 결국에는 주왕의 원망만 살 뿐이다. 이처럼 일부러 재앙거리를 만드는 인물을 어찌 지자(智者. 지혜로운 자)라 할 수 있겠는가?"

그렇다면 문왕은 어떻게 대처해야 했을까? 한비자는 이러런 의미의 말을 했다.

"섣부르게 움직이면 오히려 상대방의 의심을 키우게 된다. 또한 자기 공적을 자랑하는 것은 당치도 않다. 오로지 보지도 않고, 듣지도 않고, 말하지도 않겠다고 다음먹는 것만으로도 충분하다."

과연! 이렇게 하면 자기 몸에 닥칠 불씨를 피할 수 있을지도 모른다. 한비자에 따르면 이것이 '지자'의 신변 처세술이라 한다.

어느 시대건 현실은 혹독하다. 그런 현실 속에서 살아나가기 위해서는 이러한 신중한 처세가 요구되니 한비자의 노파심을 비웃을 수만은 없다.

35. 균형 잡힌 사고로 대처하라

정치란 머리 감는 것과 같다.

爲政猶沐也(위정유목야)
정치란 머리 감기와 같다.

「육반편(六反篇)」

'목(沐)'이란 머리를 감는다는 뜻이다. 옛날 중국에서는 목욕은 별로 안 했지만, '목', 즉 머리는 자주 감았다. 아무래도 머리는 감지 않고 그냥 놔두면 간지러워서 자주 감았던 것 같다.

한비자에 따르면 정치는 이 '목'과 같다고 한다. 무슨 뜻일까? 한비자의 말을 조금 더 인용하자면 이렇다.

"雖有棄髮, 必爲之. 愛棄髮之費, 而忘長髮之利, 不知權者也(수유기발, 필위지. 애기발지비, 이망장발지리, 부지권자야)."

머리를 감으면 머리카락이 빠지지만, 그렇다고 해서 머리 감기를 포기할 수는 없다. 머리를 감으면 새로 나는 머리카락의 성장을 촉진시킨다는 이점이 있기 때문이다. 그러니 빠지는 머리카락을 버리기가 아깝다고 그 이점을 잊어버린다면 균형이라는 것을 모르는 사람이라는 뜻이다.

　　여기서 '권(權)'이란 저울질하다, 균형을 잡는다는 의미다.

　　머리 감기에는 머리카락이 빠진다는 마이너스적인 면과 새로 나는 머리카락의 성장을 촉진시킨다는 플러스적인 면, 두 가지가 있다. 이 두 가지 면을 저울에 달아 어떻게 해야 할지 결정해야 하는데, 정치에는 항상 이러한 판단이 요구된다고 한다. 그렇다면 하나의 가치에 연연하는 원리주의자 같은 사람들은 애초부터 정치에는 어울리지 않는 자인지도 모른다.

　　분명 현실 정치는 균형의 역학으로 항상 무엇을 버리고 무엇을 취할지의 판단에 직면한다. 한비자는 이에 관해 형벌을 예로 들어 설명했다.

　　일부 폭군은 어떨지 모르지만, 제대로 된 위정자 중 좋아서 엄중한 형벌을 내리고자 하는 이는 단 한 사람도 없다. 다만 대다수 백성을 보호하기 위해 어쩔 수 없이 형벌을 내린다. 즉 백성을 보호한다는 커다란 플러스 앞에서 형벌을 내린다는 작은 마이너스를 묵인하는 것이다. 이는 대(大)를 살리기 위해 소(小)를 죽여야 한다는 뜻일까?

정치의 장에서 이상을 추구하는 것은 물론 좋은 일이다. 하지만 이러한 현실도 더불어 살피면서 대처하지 않으면 항상 발목을 잡힐 우려가 있다. 그러므로 일상생활에서도 끊임없이 균형 잡힌 사고를 해서 유연하게 대처해 나가길 바란다.

36. 군주에는 세 가지 등급이 있다

등급이 낮은 군주는 자기 능력으로 일을 한다.
등급이 중간인 군주는 다른 사람의 역량을 활용한다.
등급이 높은 군주는 다른 사람의 지력(智力)을
끌어내어 활용한다.

下君盡己之能, 中君盡人之力, 上君盡人之智
(하군진기지능, 중군진인지력, 상군진인지지)
하군은 자기 능력을 다하고, 중군은 다른 사람의 힘을
다하게 하고, 상군은 다른 사람의 지혜를 다하게 한다.

「팔경편(八經篇)」

군주의 등급을 상, 중, 하로 나눴는데, 여기서 군주는 현대로 말하자면 최고경영자나 리더라 불리는 사람들이다.

우선 '하군(下君)', 등급이 낮은 군주다. '진기지능(盡己之能)', 자기 능력을 다한다고 하니 능력은 있다. 단 자기 능력만으로 일을 하려고 한다는 데 어려움이 있다. 만약 작은 나라라면 유능한 군주로 통용될 수도 있으나, 대국의 정치를 맡게 된다면 이를 주체하지 못할 가능성이 있다. 그런데 이러한 한계를 무시한 채 일에 빠지다 보면 이번에는 몸과 마음이 전부 지쳐 중간에 포기해 버릴 우려도 없지만은 않다.

바로 이 점이 '하군' 밖에 못 되는 이유일 것이다.

애초에 아무리 뛰어난 인물이라 할지라도 인간 한 사람의 능력에는 한계가 있다. 자기 한 사람의 능력만으로 일을 한다면 큰일은 할 수 없다. 따라서 무언가 큰일을 하려 한다면 주위에 인재를 모아 그들의 능력을 잘 끌어내어 조직력으로 결집해 나가야 한다.

한편 '중군(中君)', 등급이 중간인 군주와 '상군(上君)', 등급이 높은 군주는 이것이 가능하다.

그렇다면 '중군'과 '상군'의 차이는 무엇일까? 문제는 '진인지력(盡人之力, 다른 사람의 힘을 다하게 한다)'의 '력(力)'과 '진인지지(盡人之智, 다른 사람의 지혜를 다하게 한다)'의 '지(智)'의 차이다. 선인들의 주석에 따르면 '력'이란 밖으로 보여지는 것, '지'란 안에 숨겨져 있는 것이라 한다. 즉 '력'이란 주로 체력이란 뜻으로 고생을 마다치 않고 일을 해 주는 것을 의미한다. 그리고 '지'는 지모나 지략을 의미한다. 부리는 사람 입장에서 어느 쪽이 더 다루기 힘들지는 두말할 필요도 없다. 그것이 바로 '중군'과 '상군'을 구분한 이유일 것이다.

또 '상군'에 관해 한 가지 더 짚어 두고 싶은 것이 있다. '진인지지'라 해도 자신보다 낮은 '지'의 소유자를 마음대로 부리기는 그래도 쉬운 편이다. 하지만 자신보다 더 높은 '지'의 소유자를 마음대로 부리기는 어렵다. 이것이 가능할 때 비로소 진정한 '상군'이라 할 수 있지 않을까!

37. 혜택 받은 자는 강하다

**소매가 긴 옷을 입은 자는 멋지게 춤을 출 수 있고,
돈이 많은 자는 무엇이든 살 수 있다.**

長袖善舞, 多錢善買(장수선무, 다전선매)
소매가 길면 춤을 잘 추고 돈이 많으면 잘 산다.

「오두편(五蠹篇)」

한비자는 대체 무슨 말이 하고 싶었던 것일까? 이는 그 나름대로 신분도 있고 경제적으로도 풍요로운 위치에 있는 자는 무슨 일이든 마음먹은 대로 할 수 있어 그만큼 성공의 조건이 갖추어져 있다는 뜻이다.

한비자는 다음과 같은 예를 들었다.

강국인 진(秦)나라는 강한 위치를 이용하여 여러 가지 계략을 꾸밀 수 있지만, 약국인 연(燕)나라는 원래 약한 위치이기에 주도권을 쥐고 일을 꾸밀 수 없다.

그렇다 보니 진나라를 섬기면 진언을 올리는 족족 채용되어 실행으로 옮겨지지만, 연나라를 섬기면 진언을 올려도 채용되지 않는다. 이는 섬기는 자의 능력에 차이가 있기 때문이 아니다. 섬기는 대상이 강극이냐 약국이냐, 그 차이에 따라 능력을 발휘할 수 있는 기회도 자연스럽게 달라진다는 뜻이다.

그렇다면, 현대는 어떨까? 탤런트로 예를 들면 이해하기 쉬울 듯하다. 특별한 재능을 타고난 사람은 다르겠지만, 보통 사람은 탤런트가 되고 싶어도 쉽게 될 수 없다. 하지만 유명 탤런트 2세는 어느새 어엿한 탤런트가 되어 무대를 활보하고 다닌다. 그렇다고 그들에게 꼭 재능이 있는 것 같지는 않다. 그들은 부모의 위광을 등에 업고 처음부터 유리한 위치에 서 있는 셈이다.

정치계도 마찬가지다. 최근 일본 국회에서 2세 의원들의 모습이 눈에 띈다고 한다. 정치가가 되고 싶어도 보통 사람들은 돈 문제를 포함하여 큰 고생이 따른다. 반면 그런 점에서 2세 의원들은 특별한 자질이 있는 것 같지도 않은데 부모가 남겨준 유형·무형 유산의 은혜를 입어 비교적 쉽게 정치가가 된다.

'장수선무, 다전선매'란 바로 이러한 것들을 의미하며, 이 세상에는 이러한 사례들이 엄연히 존재한다는 사실을 인정하지 않을 수 없다.

단 혜택을 받은 자들이 그 혜택 받은 조건을 살려 대성하느냐 하면 꼭 그렇지만은 않다.

한편 이러한 혜택을 받지 못한 자들은 어떻게 하는 것이 좋을까? 그들은 어느 분야에서건 세상에 나가기 위해서는 그에 상응하는 고생을 각오해야 한다.

38. 일하지 않는 자는 먹지도 마라

**부자에게 돈을 빼앗아 가난한 자에게 주는 것은
열심히 일한 자에게 돈을 빼앗아
게으른 자에게 주는 것과 같다.**

徵斂於富人以布施於貧家, 是奪力儉而與侈墮也
(징렴어부인이포시어빈가, 시탈력검이여치타야)
부자에게 징수하여 가난한 자에게 베푸는 것은 노력하고
절약하는 자에게 빼앗아 사치스럽고 태만한 자에게 주는 셈이다.

「현학편(顯學篇)」

상당히 과감한 의견인데, 한비자의 주장은 이렇다.

"여기 한 사람이 있다고 치자. 남보다 많은 전답이나 자산이 있는 것도, 별도의 수입이 있는 것도 아닌데 생활이 어렵지 않은 이유는 무엇일까? 이는 남보다 더 열심히 일했거나 혹은 남보다 절약했거나 이 두 가지 이유 중 하나임이 틀림없다. 반대로 딱히 굶주릴 이유가 없는데 생활이 힘든 사람이 있다. 이는 남보다 사치스러운 생활을 했거나 혹은 게으름 부리며 일하지 않았거나 이 두 가지 이유 중 하나임이 틀림없다."

그런데도 부자로부터 돈을 빼앗아 가난한 사람에게 주는 것은 열심히 일한 사람으로부터 돈을 빼앗아 게으른 자에게 주는 것과 같고, 그런 행동은 나태와 사치를 장려하는 것과 같다. 따라서 아무리 "열심히 일해라!", "절약해라!"라고 외쳐도 전혀 효과가 없다. 한비자는 만약 이렇게 된다면 결국 정치 그 자체도 파탄나고 말 것이라 경고했다.

물론 한비자의 이러한 주장은 아직 농경생활이 주를 이뤘던 소박한 시대의 이야기라는 점에 유의해야겠지만, 현대에도 들어맞는 부분이 있다는 사실은 인정하지 않을 수 없다. 즉 정도 차이의 문제가 아닌가 싶다.

한비자의 말을 그대로 실행에 옮기면 부를 축적하는 자는 계속 부를 축적하고 가난한 자는 점점 더 가난해져 격차가 커져 간다. 그 결과 사람들의 불만이 높아져 사회불안을 일으킬 것이라는 사실은 굳이 현대 중국의 모습을 인용하지 않아도 잘 알 수 있다.

그렇다고 해서 약자구제나 사회복지에 힘을 쏟다 보면 그 재원이 문제가 된다. 부유층에 어느 정도의 부담을 강요하는 것은 어쩔 수 없다 해도 이마에 땀 흘려가며 생활을 꾸려가는 중산층에게까지 과대한 부담을 지우면 아무래도 사회의 활력이 떨어지게 된다.

안정되면서 활력 넘치는 사회 구축을 앞으로의 정치 과제로 삼아 주길 바란다.

39. 엄격함도 필요하다

**예의범절이 엄한 집에는 제멋대로 구는 머슴이 없다.
반면 애정이 넘쳐나는 어머니에게서는
방탕한 자식이 나온다.**

嚴家無悍虜而慈母有敗子(엄가무한로이자모유패자)
엄격한 집에는 사나운 종이 없고,
자애가 지나친 어머니에게서는 버릇없는 자식이 나온다.

「현학편(顯學篇)」

머슴이라는 말은 에도시대 상인의 집 정도라면 모를까 현대 가정에서는 전혀 없다고 해도 과언이 아닐 정도로 그 모습을 찾아볼 수 없다. 그래서 이 말을 들어도 제대로 와 닿지 않을지도 모른다. 하지만 어머니에 관해서는 지금도 여기저기서 애정과다 타입을 찾아볼 수 있다.

자기 자식을 사랑하지 않는 엄마는 아무도 없다. 그건 좋다. 하지만 모처럼의 애정도 너무 지나치면 뭐든지 '오냐, 오냐.' 하게 되어 기본적인 예의범절을 갖출 수 없게 된다. 게다가 지금은 저출산 시대이다 보니 아무래도 이것저것 다 챙겨주게 되고 그 결과 과잉보호가 되고 만다.

원래는 이쯤에서 아버지가 등장해야 하는데, 그 아버지 또한 어머니 이상으로 지나치게 다정하다. 이래서는 본보기가 되지 못하고, 만약 가문이라는 것이 존재한다면 그 가문을 위해서도 좋지 않을 것이다.

그런데 한비자가 말하는 엄격함이 부족한 것은 비단 가정뿐만이 아니다. 사회 전체가 그렇게 되어 버렸다. 이 또한 헤이와보케(平和ボケ, 평화가 지속돼서 분별력을 잃은 상태, 안전불감증-역주) 탓일까? 사회의 다양한 곳이 흐리멍덩해지고 있는 것 같아 참을 수 없다.

예를 들어 학교가 그렇다. 교사와 학생이 그냥 친구 같은 관계가 되어 버렸다. 물론 사이좋게 지내는 것은 좋지만, 어느 한 군데 엄격함이 없다면 통제가 안 된다. 그렇게 되면 너무 친해지다 보니 교육효과도 오르지 않는다.

기업사회도 마찬가지다. 예전에는 어느 기업에나 '도깨비상사' 등이라 불리는 선배가 있어 후배들을 단련시켜 주었는데, 요즘에는 어느 기업에 가 봐도 그런 엄한 선배의 모습을 찾아볼 수 없다.

관리직 사람들을 봐도 모두 이해심이 많아 부하직원을 혼내지도 않는다. 이래서는 부하직원도 성장하지 못하고 조직 또한 통제할 수 없다.

단 엄격함이 필요하다고는 하지만, 겉과 속 전부 엄격하기만 하다면 학생이나 부하직원들을 명령에 따르게 할 수는 있어도 진심으로 존경하여 따르게 할 수는 없다. 엄격함 뒤에 애정이나 배려심이 있을 때 비로소 학생이나 부하직원의 진심 어린 존경을 받을 수 있다는 점을 잊어서는 안 된다.

40. 다른 사람의 선의에 기대지 마라

다른 사람의 선의에 기대를 걸어서는 안 된다.

不恃人之爲吾善也(불시인지위오선야)
다른 사람이 나를 위해 선할 것이라 기대하지 마라.

「현학편(顯學篇)」

앞에서도 말했듯이 한비자의 주장은 성악설을 전제로 한다.

인간을 움직이는 동기는 무엇인가? 애정도 아니고 배려하는 마음도 아니다. 의리도 아니고 인정도 아니다. 오직 이익이다. 그리고 당연히 각각의 입장에 따라 추구하는 이익도 다르다. 따라서 인간은 각자가 각각의 이익을 추구하며 움직인다. 한비자는 이러한 현실을 제대로 파악하여 대처하지 않으면 잘못된 대응을 할 우려가 있다고 인식했다.

이렇게 단정해 버리면 너무 노골적인 것 같기도 하다. 하지만 이러한 일면이 있다는 사실은 부정할 수 없지 않을까? 이러한 전제에 입각한다면 이쪽의 선의에 상대방도 선의로 부응해 주기를 기대하는 것은 너무 지나치게 낙관적이라고 할 수밖에 없다.

일본 사회는 전통적으로 성선설을 바탕으로 운영되어 왔다. 그 때문일까? 지금도 성선설에 너무 큰 기대를 걸어보려 한다. 성선설은 아무래도 허술해진다. 그리고 그 허술한 부분을 공격당하면 한순간도 버틸 수 없게 된다. 적어도 다른 사람이 '나'를 위해 반드시 선하지만은 않다는 사실 정도는 각오해 두는 편이 좋다.

물론 일본에는 여전히 생판 모르는 남이라도 선의로 대해주는 사람들이 압도적으로 많다. 하지만 사회인으로서 신뢰성이 떨어지는 인간이 늘어나고 있는 것 또한 인정하지 않을 수 없다. 우리가 사는 이 사회에 선의로 대해 주는 사람만 있는 것은 아니다. 이 점을 알고 대처한다면 상대방의 악의나 배신을 맞닥뜨려도 '그럼 그렇지!' 하고 인정하면서 담담하게 대처할 수 있을 듯하다.

특히 이익이 얽히고설킨 기업사회가 그렇다. 한비자에 따르면 인간은 이익에 따라 움직이는 생물이라고 한다. 만약 그렇다면 이익이 바뀔 경우 언제 태도를 180도 바꿀지 알 수 없다. 그러므로 이 점에 충분히 주의하여 대응해야 한다.

　　외교나 국제정치무대 또한 국익과 국익이 맞부딪히는 장이다. 성의를 보일 필요는 있지만 한편으로는 권모술수도 터득해 두어야 한다. 일본의 외교는 이러한 점에서 너무 상대방의 선의에 기대를 걸어온 듯하다. 이래서야 외교문제 하나 해결하지 못하는 것도 어쩌면 당연하지 않은가!

후기

예전에 『논어』는 일본인에게 있어 교양의 근간이었다. 그 전통이 점점 사라지고 있기는 하지만, 지금도 여전히 남아 있다. 그러므로 이제 와서 새삼스럽게 『논어』의 문장을 언급한다 해도 별다른 위화감 없이 순순히 이해할 수 있는 부분이 많지 않을까 싶다.

반면 『한비자』가 주장하는 바는 우리 일본인에게 익숙하지 않기에 아마 위화감을 느끼는 사람도 있지 않을까? 어쩌면 그 엄격함에 눈을 돌리는 사람도 있을지 모른다.

그렇다면 이러한 한비자의 방식을 어느 정도 받아들이면 좋을까?

언젠가 지인인 경영자가 "한비자의 방식이 필요하다고들

하는데, 그래도 저는 역시 논어가 80%, 한비자는 기껏해야 20% 정도예요."라고 이야기했다.

내 생각에도 한비자의 방식이 너무 이겨버리면 우리 몸이 버티지 못할 수도 있으니 20% 정도가 딱 좋을 듯하다.

한비자를 본받아 "조심하세요, 경계하세요."라고 말하면 그러한 경계심을 얼굴이나 태도에 드러내는 사람이 있다. 이래서는 잘 될 이야기도 잘 안 된다.

아무렇지 않게, 상냥하게 대하면서 상대방을 관찰하는 능력을 갖추어 한비자에게서 배워나가길 바란다.

오른손에 논어, 왼손에 한비자
– 현대를 균형 있게 살아가기 위한 방법 –

초판 1쇄 발행 | 2015년 10월 25일
초판 2쇄 발행 | 2016년 4월 20일

지은이 | 모리야 히로시(守屋洋)
옮긴이 | 김진연
발행인 | 강희일 · 박은자
발행처 | 다산출판사
디자인 | 민하디지털아트 (02)3274-1333

주소 | 서울시 마포구 대흥로 6길 8 다산빌딩 402호
전화 | (02)717-3661
팩스 | (02)716-9945
이메일 | dasanpub@hanmail.net
홈페이지 | www.dasanbooks.co.kr
등록일 | 1979년 6월 5일
등록번호 | 제3-86호(윤)

이 책의 판권은 다산출판사에 있습니다.
잘못된 책은 구입하신 서점에서 바꾸어 드립니다.

ISBN 978-89-7110-495-8 03100
정가 10,000원

다산출판사 신간안내

건강의학 솔루션 ❶
잘못 알려진 건강 상식
오카모토 유타카(岡本裕) 저 / 노경아 역 / 236면 / 정가 10,000원

「병의 90%는 스스로 고칠 수 있다」의 저자가 식생활, 영양, 의료, 질병에 관한 각종 '상식'을 철저히 파헤친다. 당신의 건강에 확실한 도움이 될 책!

건강의학 솔루션 ❷
치매정복 −치매로부터 벗어날 수 있는 77가지 습관−
와다 히데키(和田 秀樹) 저 / 오시연 역 / 192면 / 정가 9,000원

계산력이나 기억력이 아니다! 치매에 걸리지 않는 뇌를 만들 때 정말 중요한 것은? 노년정신의학 전문가이자 국제의료복지대학 교수인 와다 히데키가 말하는 '뇌 안티에이징'

건강의학 솔루션 ❸
혈관이 수명을 결정짓는다
다카하시 히로시(高橋 弘) 저 / 이진원 역 / 200면 / 정가 9,000원

하버드대학 의학부 전 부교수이자 의학박사인 다카하시 히로시가 매일 간단한 식사법과 생활습관을 실천하여 2개월 만에 혈관나이를 젊게 되돌릴 수 있는 방법을 정리해 놓았다.

1%의 원리
탐 오닐(Tom O'Neil) 저 / 김효원 역 / 216면 / 정가 9,000원

이 책에서 제시된 굉장히 실용적인 활동 과제와 실제 사례, 그리고 특별히 설계된 30일 과정은 당신이 1%의 원리를 일상생활에 적용하면서 삶을 온전하게 누릴 수 있도록 도와줄 것이다. 매일 1%씩 작은 변화를 만들어 가면서 당신은 더욱 위대하고 영속적인 성공을 이루게 될 것이다.

현장론 −'비범한 현장'을 만들기 위한 이론과 실천−
엔도 이사오(遠藤 功) 저(와세다대학 경영대학원 교수) / 정문주 역 / 280면 / 정가 15,000원

'평범한 현장'과 '비범한 현장'의 차이를 밝히다. 현장의 능력 격차는 지극히 크다. 탁월한 현장력으로 갈고 닦아 경쟁력의 주축으로 삼는 '비범한 현장'의 수는 결코 많지 않다. 대부분의 현장은 되는 일도 없고, 안 되는 일도 없는 수준의 '평범한 현장'이다. 개중에는 기업을 파탄으로 몰고 가는 '평범 이하의 현장'도 있다. 필자의 문제의식은 여기에 있다. 어째서 현장의 능력 격차는 이토록 큰가? 어떻게 하면 '평범한 현장'을 '비범한 현장'으로 전환할 수 있을까? 그것이 바로 이 책의 주제다.

부자동네보고서 −부르주아 동네에서 펼쳐진 생드니 학생들의 연구−
니콜라 주냉(Nicolas Jounin) 저(전, 파리 생드니대학 교수) / 김보희 역 / 276면 / 정가 15,000원

이 책은 지배계층의 사회를 연구하며 펼쳐진 크고 작은 전투들을 신선하고 유쾌한 방식으로 풀어내고 있다. '상위'에 있는 자들이 '하위'에 있는 자들을 관찰하고 조사하던 익숙한 연구의 방향을 뒤집어보는 것, 이것이야말로 이 책이 던지고 있는 핵심적인 관점이다.